U0039251

GOBOOKS & SITAK GROUP©

高寶文學
GLA024

改變越無畏，
人生越自由

中國暢銷作家
*小野——著

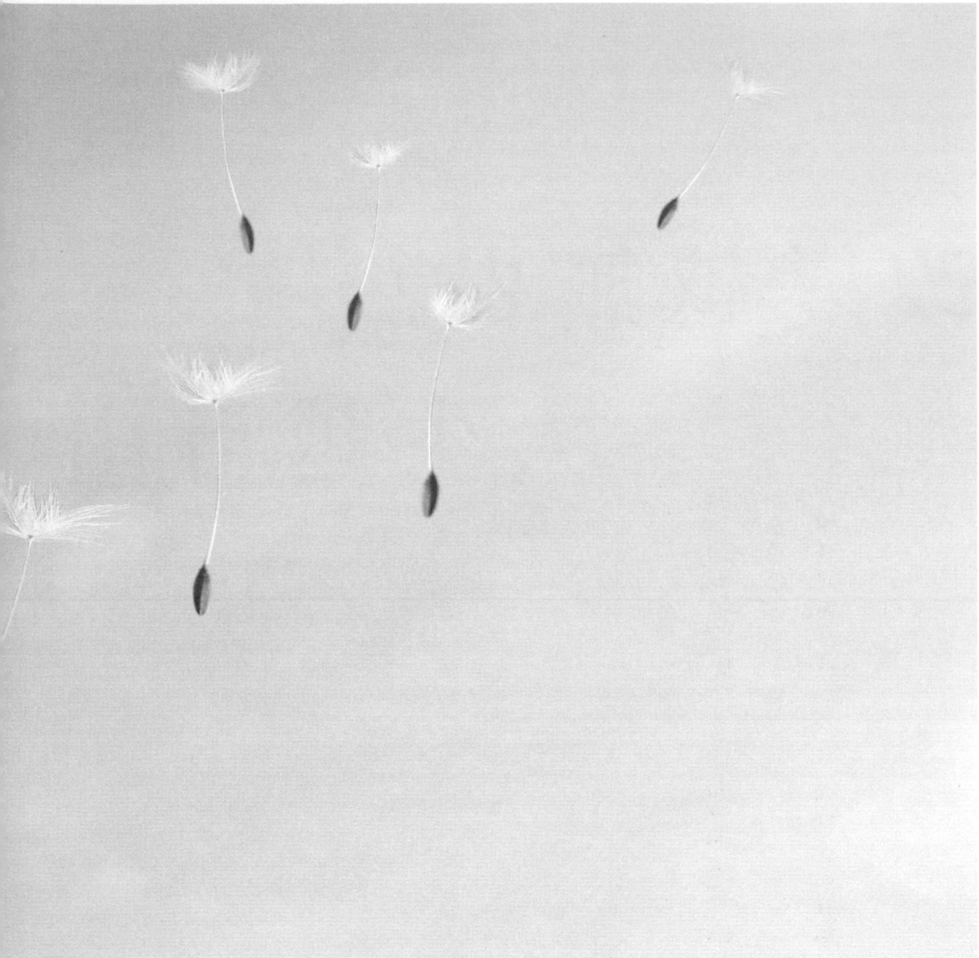

世界正在殘酷懲罰不改變的人。

目錄

第一部　認知
重新定義自己

第二部　展望
人生最困難的部分　是學習如何改變自己

第三部　行動

放開舊的：世界正在殘酷懲罰不改變的人

第四部　堅毅

成為高端學習者

第五部　精進

任何事情都沒有輕而易舉的答案

第一部 認知

重新定義自己

認識真正的自己無關乎年齡，也無關乎性別，無論何時，
我們都可以開啟認識自我之路。

要經過多久，才能認識真正的自己？

◆連自己都未曾見過的人，有什麼資格談改變？

我們經常聽到周圍的朋友發出這樣的宣言：「我要變瘦！」剛開始非常努力減肥，盡量吃得少運動得多。然而，堅持了一週後，稍微見了點成效，便徹底放鬆或意志力消退，又開始大吃大喝了。

和伴侶或父母吵架之後，我們常常想：「以後再也不吵架了！」但是一轉身又吵得不可開交。

元旦時激動地寫下自己新一年的規劃和目標，執行幾天後卻把計劃拋在腦後，又回到了以前懶散的狀態。

我們常常想要改變，結果往往事與願違。漸漸地，有的人甚至會陷入「自己真的已經無藥可救了」的自我放棄之中。無法改變，究其原因，是我們沒有認識真正的自己，沒有接受並面對真正的自己。

在沒有遇見過真正的自己以前，如上所述，改變是很難的。**連自己都未曾見過的人，有什麼資格談改變。**

真正的人生，是從認識自己開始的。認識真正的自己是改變的開始。因為沒有人比我們自己更明白我們想走向哪裡。只有我們自己才可以決定自己的樣子，決定自己以後要走的路。

然而，不是每個人都認識真正的自己，更不是每個人都走在通往認識真正自我的路上。

很多人滿足於生活在表象之中，活在臉書上的人物設定裡——在大家眼裡你是什麼樣子的，你就怎麼過自己的生活。如果在別人眼中，你是一個循規蹈矩的模範標兵，你的動態就一定要全是熱血正能量。即使偶爾情緒低落想吐槽，打完字後，也會考慮考慮，接著刪掉，或者將隱私設定為限本人觀看。接下來，很有可能還會有人因為自己產生與人設不一致的感覺而感到焦慮。

很多時候，我們在重組自己的偏見時，還以為自己是在思考；在重複以往的錯誤時，還以為是在堅持夢想；在消極荒廢時，還以為是在放鬆；在傷害別人自尊時，還以為是直率；在故步自封時，還以為是在堅守；在隨便放棄時，還以為是在選擇；在喝得酩酊大醉時，還以為是豪爽；在不思進取時，還以為是低調。我們生活在自己思想觀念的牢籠之中，卻渾然不覺。**改變了自己，你的世界也會因此產生變化。**

人們受苦的根源就是來自於不清楚自己是誰，而盲目地去攀附、追求那些不能代表我們的東西。

減肥失敗、執行計劃失敗等等，或許是因為我們對自己的意志力不瞭解，也沒有觀察和總結自己生活的習慣。減肥初期的熱血將我們的意志力燃燒殆盡，少了意志力，自然堅持不下來。又或者在內心深處，那個真正的自己其實是不想改變的——我們的腦子想改變，但心裡卻不想改變；我們想成為自己想要的樣子，但心裡卻不願意做出自己不想做的選擇。我們的內心已經習慣了愜意、美食和享

◆ 永遠不要被繁雜的生活所迷惑，而失去了生活的方向和意義，忘記找尋自己真正的信念。

受。如果認識到了這一點，在制訂計劃和付諸行動時，我們就不會盲目冒險，會在意志力和克服自己的畏難心理方面多做考慮，會改進實施的方式。也許，意志力最終還是被耗盡，但是我們能再堅持久一點。看到自己是這樣一步一步走過來的，知道自己真的在堅持下變得更好了，我們的意志力就會受到激勵。慢慢地，我們就會看到自己想要的改變，成為我們想要自己成為的樣子。

梭羅二十八歲時住進林間小屋，開始回歸自然的生活，並從中發現人生的真諦——如果一個人能滿足於基本的生活所需，便可以更從容、更充實地享受人生。

塔莎奶奶五十六歲時遷居魂牽夢縈的佛蒙特荒野。在這裡，她真正由零開始，花三十年建造了屬於自己的十九世紀風格農莊。

從容、充實地享受人生，淡然、樂觀地面對生死，這都需要一個強大、獨立、清晰的自我。一個獨立而堅韌的自我，是建立在認識真正的自己的基礎上。

永遠不要被紛繁複雜的生活所迷惑，而失去了生活的方向和意義，忘記找尋真正的自己的信念。

找尋自我的精神棲息地、認識真正的自己，無關乎年齡，也無關乎性別。無論何時，我們都可以開始認識自我之路。這段旅途也許很長，但是只要我們趕在路上，改變就會悄然發生。

親愛的，外面沒有別人，只有你自己

◆無論是追求幸福、寧靜、安全……
都到你內心去尋找吧，那裡才有無窮無盡的資源和能量。

我們有什麼樣的內心，就會有什麼樣的世界。人們往往花大把力氣去瞭解別人、認識別人，卻很少花精力去瞭解自己、認識自己。

很多人認識自己，是透過別人的眼光和看法。殊不知，從別人那裡得到的只不過是一種基於人物設定和身份認同的存在感，而這種微弱的存在感卻是我們確知自己是誰、來自哪裡的證據。

之所以說這種存在感很微弱，是因為它具有不穩定性，因為我們不能左右別人對我們的看法。如果我們的快樂僅來自於別人對我們的身份認同和讚許，這種快樂是不能長久的，因為別人對我們的認同和讚許不可能是一成不變的。為了維持別人對我們的認同和讚許，我們必須付出心力去取悅別人，即使越來越偏離自己的內心。可是就算你的心力再強大，總有一天也會消耗殆盡，因為活在別人的眼光和評價中是一件太耗費心力的事情。

我的同學W從小到大都是「別人家的孩子」的類型，備受長輩寵愛，備受比自己小的學弟學妹崇拜，可是在同齡層，很容易就招致羨慕嫉妒恨。在W的每個年齡階段，都會遇到幾個看她不順眼、背地裡說她壞話的人。W對這種事情一向是見怪不怪，淡定自若。

大學期間經歷的一件事讓我印象很深刻。有一段時間，W在做家教兼職。有一次，她指導的小學生的家長因為順路就載了W一程，開著自己的勞斯萊斯把她送到了學校，結果被一位一直背地裡誹謗W的同學看到了。那位同學立刻拿出手機拍照，隨後就把照片上傳到學校的貼吧、論壇上，還註冊分身帳號在貼文下面評論說W被有婦之夫包養了、做了小三。

一時之間，不明就裡的同學們紛紛站出來批判W。平日，很多認識W的同學在校園裡見到她只是指指點點、小聲議論，這下到了網上卻言辭異常激烈，罵得很難聽。我們幾個W身邊的好朋友深知W的為人，實在看不下去她受這樣的委屈，於是也天天到貼吧和論壇上指責罵W的人，向他們證明W不是那樣的人。

W得知後，真誠地感謝了每一個為她說話的同學、朋友，同時很冷靜地說道：「我曾因為那些誹謗我的人而感到痛苦，覺得這個世界不再美好，所有人都誣陷我，沒有人相信我。但是我想到，那些罵我的人，他們知道我最近在看什麼書嗎？他們知道我愛喝什麼茶嗎？他們知道我身邊的朋友是什麼樣的人嗎……他們都不知道。他們並不瞭解真正的我，真正的我只有我自己知道。所以，他們罵的只不過是一個名字，一個不存在的角色，一個他們臆想出來的人物設定，而不是我啊。這樣想來，那些謠言彷彿都不會影響到我了。所以，論擺事實、講道理，甚至對罵，網上那些小技倆還真不是我的對手。這種事情小打小鬧，不理他們，過一段時間他們自然不會再繼續了。」

聽到W這番話，我感慨良久。隨時觀照自己的思想，並且檢驗它們的真實性，這是多麼重要的一件事。**唯有做自己思想的旁觀者，才能看清自己，看清事物的本質，在事件外給自己一個理性的建議。**

一個人的生命，終究是為了活出自己。如果你有幸在很小的時候就被告知這一點，且身體力行，那會是一個非常不同的人生起點，你的人生將會與眾不同。

比如股神巴菲特。他的父親一再對他說：「尊重你的感覺。你的感覺越是別具一格，世人越喜歡對你說三道四，而這時候，你就更需要相信自己的感覺，堅定自己的信念。」巴菲特說，父親的教誨是他生命中最寶貴的財富。因為父親的教誨，他才能做到——別人貪婪的時候我恐懼，別人恐懼的時候我貪婪。尊重自己的感覺，這是成功人士的共同特質。

外面沒有別人，只有你自己。外界所有的人和事都是我們內心的投射，外界發生的一切好壞都反映了我們內心的狀態。如果外界有什麼東西讓你感到痛苦、受傷，首先要做的就是觀察自己的內心。明明自己沒有做錯，卻因為別人的誤解而痛苦，有的人甚至決絕地選擇結束生命，這會不會是因為他從小就生活得小心翼翼、一直很在乎周圍人的眼光？他是不是一直活在別人給的角色設定裡？

改變自己的前提一定是真正地接納你自己。

被人們稱為「點點女王」的草間彌生，是一名藝術家，也是一名精神分裂症患者。自十歲開始，她就患有神經性視聽障礙，經常出現幻聽、幻視。她所看到的世界，蒙著一個巨大的網，於是她不停地畫畫，試著用重複的圓點把自己的幻覺表現出來——精神疾病與藝術創作幾乎伴她一生。

草間彌生曾說：「我覺得沒有人比我有才華。我一直把所有的時間都用在藝術上，並且把我最原始的意念和想法全部用到了代表草間彌生的作品上。」她曾創作名為《我愛我自己》的系列作品，是用黑白簽字筆作的畫。她還有一次展覽的名字叫《我太愛我自己了》。這是是藝術家的自戀，也是一個精神病患者對自己全然的接納和深深的愛。

所以，請記得，無論是追求幸福、寧靜，還是安全感……都到你的內心去尋找吧，那裡才有無窮無盡的資源和能量。面對生活，請時刻帶著信心，給自己多

◆ 外界所有的人和事都是我們內心的投射，外界發生的一切好壞都反映了我們內心的狀態。

一點時間和耐心，由內而外地感受生活的每一個瞬間所蘊含的豐盈與美好，享受每一個獨一無二的當下。

你不會成為你想要的樣子，你只會成為你相信的樣子

◆只有我們自己，知道自己是誰；只有我們自己，能決定自己的樣子。

畢業季來臨，很多應屆畢業的讀者都不約而同地問了我一個相同的問題：要北上工作打拚，還是去二線城市工作生活？

平心而論，這個問題很難回答。不管你選擇在哪裡工作生活，都會有人跳出來發表反對意見。對於一個人來說，是在一線城市賺錢，還是在三線城市生活，本來就是令人感到糾結的問題。其實，我們做任何一種選擇，並不是因為這個選擇是完美的，或者不在乎別的選擇，而是它當下對你是最好的選擇。每個人的選

擇都不一樣，而且每個人對生活的選擇都有自己的原因。你只要對自己做的事保持信心，相信自己會變得更好。

也許你不會成為你想要的樣子，就像電影《我的少女時代》裡，林真心說：「沒有人告訴我，長大以後的我們會做著平凡的工作，談一場不怎麼樣的戀愛。原來長大後沒什麼了不起，還是會犯錯，還是會迷惘。後悔沒對討厭的人更壞一點，對喜歡的人更珍惜。」但是，你會成為你相信的樣子，就像林真心接下來說的：「只有我們自己，知道自己是誰；只有我們自己，能決定自己的樣子。」

日本作家山口路子三十歲時，人生遭遇困境，不願與人交往，工作也不順，茫然而不知所措地生活著。所有人都要她堅持下去，不要做弱者，必須為更好的物質生活而奮鬥：「這不是理所當然的事嗎？」但她真的覺得累了。在外人質疑的眼光下，山口路子選擇逃到鄉下，一家三口過著簡單的生活。後來，她在自己的書裡寫道：「不知不覺已經活了四十六年……二十幾歲時對著周圍的人揮刀舞棒奔波人生，三十歲時開始出現身心不適……我們一家三口離開東京，移居輕井澤，踏踏實實地在這個鄉下地方待了十年。」

◆ 一旦自身的信心建立，你的努力才能成你的鎧甲，那些被荊棘劃破的傷口就是你的勛章。

山口路子對「想要的生活」的解釋是：這個問題並沒有標準的答案，可以是成為大企業老闆的夢想，也可以是平淡過日子的市井愜意，關鍵是到底哪一種適合自己，哪一種能夠讓自己真正快樂。

說到底，還是基於對自己充分的瞭解，做出相信自己能做到的選擇，你才能成為你相信的樣子。

在日本的時候，有一次，我和幾個閨蜜一起去泡溫泉。在換衣間，我遇見一位日本女子，她皮膚白皙，腰身緊緻，身材勻稱，看上去大約四十初頭的樣子。泡完溫泉後，她化上淡妝，盤起頭髮，身著洋裝，看起來是準備赴一場約會。

我被她的魅力吸引，禁不住上前跟她攀談了幾句，正好她表示離約定好的約會時間還有很長時間，得知我們幾個是中國人之後，她很開心地表示願意和我們多交流交流。相談一番後，我冒昧地問了她的年齡。可能看穿了我的顧慮，那位女子很爽朗地笑了起來，大方地說她已做了外婆。她竟然比我媽媽還大，可看起來卻像是四十多歲的人！我們都很驚訝，紛紛向她討教保養秘訣。

她說道，自己曾經歷兩次凶險的大病，吃了很多藥，身體和精神都飽受折磨。後來，她開始研究素食主義的生活方式，堅持練瑜伽、泡溫泉。她平時分析飲食變化對自己身心的影響，關注身體髮膚的細微變化，總結自身體質與時令季節的關係，記錄心態情緒對氣血皮膚的影響。功夫不負有心人，數年後，她不僅皮膚和身材都保持得特別好，還總結出了幾十道效果奇佳的素食食療方子。

聽完這位女子的經驗分享，天性愛美的女人們瞬間像打了雞血，有人求推薦好的瑜伽館，有人討教素食食療秘方，有人恨不得回去再泡一輪溫泉。她淡然一笑：「我的方法只適合我自己。你們需要先瞭解自己的身體，觀察、分析、嘗試、感受，才能找到最適合自己的方法。不要迷信別人的秘方，就跟過來人的經驗一樣，不是拿到你身上就能直接用的。這個世界上最瞭解你、能改變你的，只有你自己。」

有一首很暴露年齡的歌《長大後我就成了你》，最初是歌頌人民教師的一首歌。後來，這個歌名常常被人引用，「長大後我就成了你」，多是表達對另一個人的崇拜之情。但是，在我看來，人生是不可複製的。每個人都不相同，沒有必要去逼自己成為另外一個人，也不需要盯著別人的人生目標，來衡量自己的生活。

長大後，你只能成為你自己，成不了任何人。即使你真的很想要成為你所崇拜的人的樣子，你也不可能成為那個你想要的樣子。你只會成為你相信的樣子，去過屬於你自己的人生。

不管怎樣，自身信心建立的前提是你必須知道自己、瞭解自己。在通往更好的自己的路上，深度體驗每一個或成功或失敗的過程，走向自己的內心，在一次次的自我剖析中更瞭解自己，更確知自己的能力。一旦自身的信心建立，你的努力才能成為你的鎧甲，那些被荊棘劃破的傷口就是你的勛章。最終，你會成為你相信的樣子。

理得清事情，看得見自己：要做自己由心而發的事

◆我相信，這個世界上的每個人，都有一個最適合自己稟賦和性情的位置，問題在於你能否找到它。

我一直很欣賞眼光好的朋友，因為眼光好說明理得清，知道自己幾斤幾兩，知道自己的方向，明確自己的目標，不會受到大環境、他人和暫時所遇到的困境的影響。

他們的生活狀態像極了千利休大師所說的「如花在野」。如果把人生比作一個插花作品，那麼他們一定會仔細地觀察花朵盛開的自然之態，隨著花朵的心性

插花。他們瞭解自己的性格和稟賦，比起無論何事都要刻意向別人學習、跟別人比較，他們更喜歡給自己制定合適的目標，做符合自己真性的事情。

周國平老師在為海藍博士的新書作序的時候寫到，人要做自己由心而發的事。**我相信，這個世界上的每個人都有一個最適合自己稟賦和性情的位置，問題在於你能否找到它。**海藍博士是眼科博士，然而她三十八歲的時候卻放棄了眼科醫學，從零開始研究心理學。敢於放棄之前的成績，敢於重新歸零，敢於在不惑之年踏入全新的領域，這一切都不是一時的心血來潮，這是關乎內心所想的事情。

我的表妹鍾小姐，過完二十五歲生日後一天來找我，她跟我說，發現自己已經走完人生的四分之一甚至三分之一了，可是卻始終不知道自己應該做什麼。看到臉書上，A曬一手好廚藝、B曬馬拉松比賽、C曬攝影技術……她感到納悶——「明明這些我也都學過啊，為什麼都沒有他們做得好？」

我早就發現了表妹的這個問題，只是一直沒找機會跟她深入地交流。這一次，我和表妹一起細數了她這些年在各個領域的嘗試：

中學時喜歡教美術的老師，纏著爸媽買了畫具，報了美術興趣班。後來因為坐不住，覺得自己的性格宜動不宜靜，放棄了畫畫。

高考填志願時，因為看到哥哥學習設計常常拿獎，覺得很有檔次，所以就填了和哥哥相同的科系。可學起來才發現設計根本沒那麼簡單，不是每個人都能脫穎而出。灰心之餘，勉強修完學分，混到畢業。

大學畢業後，看到做旅遊記者的姐姐可以邊工作邊遊山玩水，拿著相機到處拍拍走走，有時候還能拍拍偶像、明星，覺得攝影是一件很酷的事情，於是用所有的積蓄買了一台入門機，還買了一堆攝影熱門教材。跟著姐姐拍了一個月，最後因為拍攝工作的時間點是不固定，有時候甚至要半夜趕路，覺得女孩獨自出門太危險，相機就被閒置了。

再後來，看到朋友們做手作，也跟著要了羊毛氈材料包，結果第一次嘗試就扎了好多次手，遂又放棄。

熱愛是最好的老師。只有熱愛一件事，你才會將它做到極致的好；不熱愛它的時候，你心裡其實只有敷衍或渾噩地度過漫長時光的念頭。

做任何事情之前，都要先理得清事情，看得清自己。前者是說，你在做一件事之前，是否瞭解要做這件事會付出什麼樣的代價，做的過程中有多少可以借鑒別人的經驗，它是不是你力所能及的事情。後者則是說，你是否喜歡這件事。而何為「喜歡」？就是廢寢忘食也想要做的事，就是自己內心嚮往的事。只有看得清自己，做真正喜歡的事，那麼即使遇到再大的艱難困苦，也不會輕易放棄。

人們經常問幸福是什麼？是有很多很多的錢，是有車有房，是擁有一個疼愛自己的貼心伴侶，在是拿到了心儀企業的錄取函……其實，這些都不是固定的標準。每個人感受到的幸福都有自己的顏色和味道，而人生中最重要的幸福就是做自己打從心裡就喜歡做的事。

如果這世上真的有通往幸福的捷徑，那就是做由心而發的事。人生，是一趟可以選擇的旅程，我們無法掌控周圍的環境和別人的看法，但我們始終都可以掌控自己。

◆ 如果這世上真的有通往幸福的捷徑，那就是做由心而發的事。

經過一番梳理，表妹先分析了自己的性格。接看，她又向各位前輩討教各行業工作的特點。最後，她堅定了自己的方向——插圖。因為她從小愛看宮崎駿的電影，甚至蒐集齊了所有能買到的宮崎駿手稿印刷版，她覺得能創造喜愛的場景和角色是一件很令自己開心的事情。

想清楚了之後，表妹開始畫自己喜歡的場景和人物，後來也畫更多的元素。慢慢地，她開始接到邀稿了。她從來不挑案子，小到手帳本、小貼紙、紙膠帶，大到大型遊戲人物和場景，她都享受其中，做得很開心，人也自信了很多。閒暇之餘，表妹還開直播，直播自己畫插圖的過程。一來分享經驗，二來也可以交到很多志同道合、喜歡插圖的朋友。最近，聽說她在直播平臺上的人氣很高，直播已經成了她插畫事業以外的新方向了。

我為表妹的改變感到欣慰之餘，不禁想到，如果表妹早早就意識到自己必須找到內心真正喜歡做的事，就不會走那麼多彎路了。

親愛的朋友，如果你正感到迷茫，卻又不知道自己該如何改變，那就去問自己的內心想要的生活是什麼，想想自己真正嚮往的人生是什麼。找到自己內心的聲音，做自己由心而發的事。

大部分人都有的困惑：不知道自己想要什麼

◆知道自己想要什麼生活的人，永遠是朝著目標前進；而有些人卻像無頭蒼蠅一樣亂撞，一會向東，一會向西，到最後發現自己又回到了起點。

在這個飛速發展的時代，很多人都無法保持內心的平靜，有時甚至會困惑自己追求的到底是什麼。從小到大，我們都沒有被鼓勵發展自己的興趣，也很少真正為自己做過什麼選擇。可是突然長大了，面對工作、生活和平庸的日常，我們攢著大把的時間和機會，卻不知道自己想要什麼了。

朋友跟我講過一次自己的相親經歷。對方是家裡介紹的老老實實、安安份

◆ 你必須找到你所愛的東西。這句話不僅適用於你的工作，也同樣適用於你的戀愛。

份的青年。朋友是一個比較有主見的女孩，對相親對象，她一般會直接問對方想要什麼樣的生活，喜歡什麼樣的女孩，如果跟自己的三觀不同，或者對方的要求自己達不到，就開門見山地說清楚，不會浪費大家時間和感情。而聊到想要的生活，他們微信的對話是這樣的：

朋友：你想要什麼樣的生活？

青年：簡單的生活。

朋友：你現在的生活不簡單？

青年：（對方正在輸入中……）簡單。

但並不快樂。

這是很多人的生活常態，也是很多人的困惑所在。這世上有太多人，根本不知道自己要什麼，他們總是隨波逐流，無法肯定自己的想法。很多人常常困惑：我明明過著自己想要的生活，卻不快樂，為什麼？如果你覺得不快樂，那就直接反思，這確實是自己想要的生活嗎？

在日本工作生活期間，為了打發無聊時間，我曾去學過花藝課。幸運的是，在同期學員中，正好有一個跟我一樣在日本生活的中國女孩Z。很快地，我們變成了無話不說的好朋友。原來，大學畢業後，Z曾考上公務員，可她工作了半年後卻毅然決然地辭職來到日本留學。家人痛心疾首，朋友們也不理解，而Z只是說：公務員的工作不是我想要的。

在日本，學習之餘，Z在淘寶開了一家代購店，做得很用心，生意也很好。但她並不是工作狂，也不會為了金錢無限度地透支自己的生命能量。那時還是代購很火紅的時候，她將淘寶店轉給朋友管理，然後開始用存下的錢學攝影、學花藝。本來以為她只是玩玩而已，沒想到攝影學得很好，自成風格。開始有不少人找她拍攝婚紗照，不經意間攝影就成了她的一大副業。其實，花藝她學得也很好，作品充滿靈性。有朋友調侃Z說：「攝影、花藝樣樣都強，乾脆開個婚攝公司吧！」

兩年後，Z回國。生性好動的她又背上了自己的旅行包，做了大半年的徒步旅行，足跡踏遍大半個中國。她一路上拍攝了很多優美的照片，後來，她還把自己拍的美圖，按照不同地域，做成了明信片，專門送親朋好友。

最讓我佩服的是，在如此繁忙的生活中，Z還學了熱情四溢的倫巴舞。我本來以為她只是心血來潮罷了，結果半年以後，都可以上臺表演了。其他諸如手作、畫畫、吉他，只要她感興趣的，都能做得不錯。

這樣的姑娘，永遠知道自己想要什麼，也足夠勇敢、自信地去嘗試。每每想起她，我總覺得有一股力量注入。有的人什麼都不用做，單單認識她，你就能感受驕陽般燦爛綻放的生命能量。

喬布斯在史丹佛大學的畢業典禮上講過這樣一段話：「有時候，生活會用磚塊砸你的頭。一定不要失去信仰。我知道，唯一支撐我前進的東西就是：我愛我所做的事。你必須找到你所愛的東西。這句話不但適用於你的工作，也同樣適用於你的戀愛。」

如果現在的你還不知道自己適合或喜歡做什麼，起碼試著問問自己不喜歡什麼、不想要什麼。然後慢慢地，第一步是瞭解，第二步是嘗試，第三步是試過並

◆ 你想要什麼，不是能憑空想出來的，而是要邁開雙腳去試出來的。

做得不錯。

如果你根本不知道世界上有一種人是以彈鋼琴為生，你根本沒聽過鋼琴的樂聲，那麼你也不可能會想到要做一個鋼琴家。

如果你嘗試了一下，發現自己確實很有收穫，樂在其中，那麼也許你真的會愛上做這件事，而更加打定主意這一定是因為你發現自己擅長做這件事。你能夠從中感到充實，得到成就感。

其實，這個世界上有許許多多的工作或行業，我們不可能嘗遍所有，只能在遇到的領域中找到自己最喜歡、並能做得好的部分。所以，如果一個人大學畢業工作好幾年後，還沒有找到自己想要過什麼樣的生活，那麼一定是嘗試得太少了。**不知道自己想要什麼、喜歡什麼，歸根到底，可能是害怕走出自己熟悉的領域，害怕失敗，害怕受傷。另外，還有可能僅僅是因為懶。**

如果你對自己目前的生活狀態不滿意，想要改變的話，不妨多看看，看書、看電視、看朋友……去找找哪種生活是你想要的，哪些領域是你覺得好玩的、感興趣的，然後就義無反顧地去嘗試。不要怕失敗，不要懶於嘗試，更不要自怨自艾。

蔡康永發過一條微博：「十五歲覺得游泳難，放棄游泳，到十八歲遇到一個你喜歡的人約你去游詠，你只好說『我不會耶』。十八歲覺得英文難，放棄英文，二十八歲出現一個很棒但要會英文的工作，你只好說『我不會耶』。人生前期越嫌麻煩，越懶得學，後來就越可能錯過讓你動心的人和事，錯過新風景。」

如果你始終蜷縮在一個小角落，覺得這個難那個難，這個不敢嘗試那個不敢嘗試，那麼你始終無法看見一個更大的世界和更完整的自己。你想要什麼，不是能憑空想出來的，而是要邁開雙腳去試出來的。只有跳進一個更大的世界裡，去拚、去闖、去嘗試，去哭、去笑、去吶喊，你才會不斷發現自己更多的可能性，最終也才會知道自己想要的到底是什麼。

請記住，改變的第一步也許很艱難，但不往前走，就永遠沒有第二步。

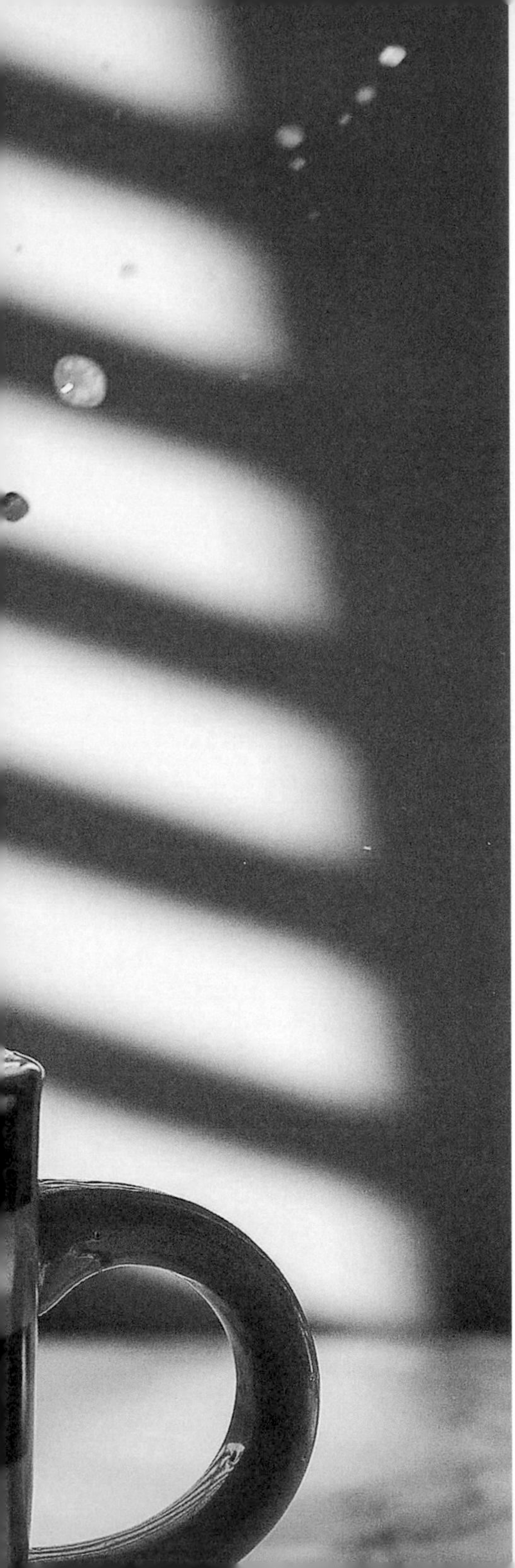

第二部 展望

人生最困難的部分　是學習如何改變自己

只有當我們真正面對內心的衝突時，我們才能成為自己的主人，改變才開始發生。

我們內心的衝突

◆只有當我們真正面對內心的衝突時，我們才能成為自己的主人，改變才開始發生。

在馬克．李維的小說《偷影子的人》中，麵包店老闆的兒子呂克中學畢業就留在店裡幫忙，他最大的理想卻是上醫學院。他知道父親老了，家裡還有妹妹要照顧，不得已承擔起照顧家庭的擔子，向現實妥協。這樣的生活只剩下責任，毫無快樂可言。

直到父親知道了他的夢想，經過激烈的內心衝突後，父親把他從麵包店解雇了，將他送到理想中的醫學院，對他說：「這才是你應該待的地方。你要是發現你當醫生跟當麵包師一樣瞥腳，那就回家來，這一次，我會好好把手藝傳給你。」從這時起，呂克的人生才真正開始，他一改往日睡眼惺松的樣子，對未來充滿了激情。

等到呂克通過醫生的專業考試，他感覺生活越來越不像自己想像中美好時，他迷茫了。一次偶然的機會，呂克為大家烤麵包，他再一次體驗到那份久違的滿足，也終於決定回到父親的麵包店。

人只有迷失自己，才會重尋自我。

美國聯邦最高法院首席法官約翰．羅伯茲在他兒了的畢業典禮上發表演講，題為《我祝你不幸且痛苦》，全場嘩然。這位父親堅定且慈祥地說：

在未來的很多年中，我希望你被不公正地對待，我希望你遭受背叛，我祝福你時常感受到孤獨，我祝福你人生旅途中時常運氣不佳，我祝福你被忽視，我祝福你遭受切膚之痛。

被不公正地對待，才能真正懂得公正的價值；遭受背叛，才能領悟到忠誠的重要；時常感受到孤獨，才不會把良朋益友視為人生中的理所當然。運氣不佳，才能意識到機率和機遇在人生中扮演的角色，進而理解你的成功並不完全是命中注定，而別人的失敗也不是天經地義。

你失敗了被人嘲弄，才能懂得有風度的競爭精神之重要；被忽視，才能意識到傾聽他人的重要性；遭受切膚之病，才能感同身受，同情理解別人。

這些像詛咒般的話，極端卻道破了人生的真相：唯有當你覺得理所當然的規則被破壞後，才會重新開始思考和珍惜擁有的一切，才會理解什麼是真正的幸福。

當察覺到自己正因內心的衝突而痛苦、愧疚、失落時，不要逃避這種情緒，更不要壓抑，要勇敢地面對內心的衝突。**只有當我們真正面對內心的衝突時，我們才能成為自己的主人，改變才開始發生。**

然而，很少有人能察覺到壞情緒的來源——我們內心的衝突。更很少有人能真正面對內心的衝突。如果面對內心的衝突依然很難，那麼你可以先試著觀察它，做一個自己的旁觀者。

◆ 人只有迷失自己，才會重尋自我。

卡倫．霍妮在其經典著作《我們內心的衝突》中說，所有的離群者都有一個共通性，那就是，他們都能夠帶著一種客觀的興趣來觀察自己，就像人們觀看一件藝術品一樣。也許對離群者最好、最直接的描述是這樣的：他們對自己都抱持「旁觀態度」，這與他們對生活的整體態度一樣。因此，他們常常是自己內心衝突的優秀觀察者。

其實，每個人都是現實的主流，意識的邊緣。就像《愛蜜莉的異想世界》裡的人物，人人都能對號入座。終日神經質的中年婦人，其實是無法忍受丈夫背叛愛情的痛苦；孤獨又被疾病所困的玻璃老人，其實內心也渴望交流和慰藉；整日無所事事、在咖啡店裡監視前女友的酗酒男和寂寞無聊的賣菸女，其實也需要愛情的滋潤；經常被蔬菜店老闆欺負辱罵的弱智男孩，原來他的繪畫作品獨具風格，堪稱為藝術品。

這個旁觀視角就是來自愛蜜莉，她看到這一切，用自己的天使魔法修理人們殘缺的內心：為神經質的中年婦女偽造一封塵封多年的告白信；與孤獨寂寞的老爺爺探討雷諾瓦的《船上的午餐》裡那個面無表情彷彿旁觀者的姑娘；撮合缺少愛情滋潤的酗酒男和賣菸女；每當蔬菜店店員被老闆欺負時就去惡整老闆……

然而，做自己內心真正的旁觀者是最難的。愛蜜莉是一個縫合人心傷口的小天使，但是她也會把電視裡戴安娜王妃的葬禮想像成自己的葬禮，邊看邊哭泣；不開心時，她一個人去河邊扔石子打水漂；面對喜歡的男孩，愛蜜莉始終不敢靠近。最後，她也是在老人的鼓勵下，才鼓起勇氣打開心門，迎接自己的愛情。

人生最難的地方是學著怎麼改變自己，但改變自己最難的就是面對我們的內心的衝突，面對真正的自己。

你不必善解人意，不必正義，也不必美麗，甚至不必年輕，你可以安靜自由地在角落裡綻放花朵，還可以有自己的小怪癖，甚至可以堅持自己的小偏執；但你不能懦弱，不能逃避，不能不去面對內心的衝突。如果你忽略那些因內心的衝突而產生的壞情緒，那只是虛偽的冷靜罷了。你是願意在內心的衝突激流中不堪一擊、不戰而敗，還是願意站起來，改變自己，成為一個內心強大的人？現在，你只需要打開那扇門去直視自己的內心，而開啟那扇門的鑰匙就是勇敢和坦誠。

所以，你準備好了嗎？

跨出第一步：抵抗孤獨

◆你拒絕了這麼多，又怎能怪世界讓你孤獨呢？

日本的一個發明家為御宅族發明了一種會說話的抱枕，稱能支撐御宅族的孤獨生活，為此他還透過日本的集資網站募集到了一百零三萬日圓，金額超出了他的預期目標五十萬日圓一倍以上。為了抵抗孤獨，人類真是什麼都會嘗試啊，彷彿我們生來所做的一切都是為了抵抗孤獨。

有人用吃抵抗孤獨，以胃抵心，以為胃的滿足感可以傳達到那顆空虛的心裡，殊不知「吃」可能是這個世界上最抵抗不了孤獨的事。暴飲暴食之後，飽腹感暫時取代了孤獨的空虛感，卻奪走了單純享受美食帶來的幸福感。有人用買買

◆ 有趣不是坐在咖啡店喝一杯拿鐵，也不是一場說走就走的旅行，而是懂得在繁雜的工作生活中有章有序，真正地樂在其中。

買來抵抗孤獨，塞滿購物車，清空購物車，就像一個惡性循環，任這個過程重複循環多少次，靈魂還是空的。卸掉一身錦衣華服，只剩下一個茫然無措、不知該走向哪裡的小孩。

其實，恰到好處的孤獨是必要的，就像沈從文先生說過的，孤獨一點，在缺少一切的時節，你會發現原來還有個自己。但是，泛濫的孤獨就是喪，極度的喪一定會讓人崩潰。一直不理解御宅族的心理狀態，既然意識到自己需要與別人交流，並且希望與別人交流，為什麼不改變生活狀態？寧願買一個假的抱枕女友回家，也不願走出自己的小世界，去發現生活的另一種可能？**不能走出自己的小世界，不能勇敢地改變，孤獨就會永遠在你身邊伺機而動。**阿德勒在《自卑與超越》一書中說：「我們生存於與他人的聯繫中，如果我們選擇孤獨，便等於選擇了死亡。」關於孤獨的治癒，幾乎所有的心理流派都認可關係能治癒孤獨。

如果好友聚會，所有人都不再急著要 Wi-Fi 密碼，不再抱著手機不放，聚會就會變成美好的回憶。記得某次，我和姐妹們誤入一個「沒有 Wi-Fi」的咖啡館喝下午茶，那裡真的沒有 Wi-F，手機信號也極差，意想不到的是，在那次聚會中，所有人都積極地參與談話，而非低頭滑手機。那次聚合是我記憶中最美妙的聚會。

朋友邀請你一起踢足球，你害怕踢得不好被人笑話，於是拒絕了朋友的熱情邀約；部門組織聚餐，你因為不知道面對老闆要說些什麼，藉口有事，缺席部門聚餐。你拒絕了這麼多，又怎能怪世界讓你孤獨呢？

小姐妹橙子初談戀愛即遇渣男，在那場愛情裡，她付出全部，渣男卻跑去和別人結婚了。從此她不再對任何人敞開心扉。她總是得體地面對身邊出現的每一個追求者，但並不走近任何人，也不讓別人靠近她。她說她害怕，如果心敞開了，就會有渣男過來。其實，她的害怕沒有錯，不一定所有的桃花運都是桃花源，一定有爛桃花。但即使外面有壞人，我們也不能因此一直把門關上。我們要練習的是如何保護自己，如何讓自己擁有辯別渣男的能力，而不是把所有人擋在門外。這樣簡單地一刀兩斷、走向極端，你便孤獨了。

孤獨並不可恥，可恥的是你不願孤獨卻也不做任何改變。有沒有想過，試著改變一下呢？改變是孤獨的，不變更是孤獨的。世界隨時隨地變化，對周圍的環境漸漸改變，你發現熟悉的一切逐漸變得陌生，那是多麼令人無助。與其痛苦地處於被動，不如勇敢地邁出第一步，哪怕長路漫漫，至少是自己選擇了生活，至少有機會去追尋、創造自己想要的新世界。唯有改變，一切才能重新開始。

孤獨的時候，試著主動問問周圍的朋友，有沒有人願意一起吃頓午餐，打一場球，說不準有人和你一樣孤獨呢？不要以為全世界唯有你孤獨，也別被臉書上曬的那些聚會、團體活動嚇到，誰又是日日朋友相伴、家人愛人相擁呢？你要做的只是發出邀請，是否答應是別人的事兒。

試著去做一個有趣的人。有趣不是坐在咖啡店喝一杯拿鐵，也不是一場說走就走的旅行，而是懂得在繁雜的工作生活中有章有序，真正地樂在其中；在日日相見的廚房裡，隨手便能用僅有的食材做一餐簡單的美味；在日日行走的平凡路上，看見一朵新開的小花，知曉春天的到來，感受到不同的新鮮。

創作完《百年孤寂》，馬奎斯這樣解釋孤獨：一種愛的能力的缺失。社會就像一部大書，每個人是其中一頁，但不能「不容許被閱讀」。**在人群中，只有打破硬殼、帶著渴望、努力追逐的人才能收獲溫暖。**跨出自己的小世界也許很難，但不正是這艱難的第一步才閃耀出人類擺脫孤獨的人性光輝嗎？

不要溫和地走進生活

◆如果說有那麼一剎那讓我們驕傲地為人，
那就應該是超越自我，勇敢邁出改變自己腳步的那一剎那。

再讀村上春樹的《海邊的卡夫卡》，莫名著迷，為卡夫卡走出避世桃源的勇敢而感動。

一開始，卡夫卡想要放棄活著。即使他活著，也以一種遺忘和無所謂的形式來逃避生活。因為在他看來，生命是一種負擔，無論想怎麼過，都會把生活搞得亂七八糟。但如果沒有這些麻煩，生活又會如白開水，每天只是吃著、活著，即便可以永遠十五歲，也無異於死亡。後來，在母親的要求下，卡夫卡勇敢地走出了避世桃源，選擇正視生活。這需要很大的勇氣，有時候活著比死更難。最後，卡夫卡回到了現實生活中，迎接新的世界，做個最頑強的十五歲少年。

命運就像沙塵暴，你無處遁逃，只有勇敢跨入其中。當你從沙塵暴中逃出，你就已不是跨入時的你了。

不要溫和地走進生活。如果說有那麼一剎那讓我們驕傲地為人，那就應該是超越自我，勇敢邁出改變自己腳步的那一剎那。

Lulu一畢業就去一家律師事務所做櫃檯的工作，每天只負責接待來訪客人、接聽電話、收發快遞等等。對Lulu來說，這個工作毫無挑戰性，之所以選擇這個工作，完全是順應了她父母的意願，他們認為女孩子不用太拚，找個輕鬆的工作，早點結婚嫁人，以後主要還是靠老公養。在父母眼裡，Lulu不可能進世界五百強企業當白領，與其追求一個自己得不到的職位，何不找一個輕鬆無壓力的工作。Lulu從小沒什麼主見，她看著身邊的朋友考研、出國、升職加薪，也很想知道自己能不能做到像其他人那樣，但是她又不知道應該往哪個方向嘗試，只能繼續做著櫃檯的工作。在畢業後連續半年的時間裡，她得閒時找三五好友相聚，奔波於各個飯局、酒局。Lulu 坦言自己過得渾渾噩噩的，可是她心裡總有一股勁兒驅使著自己去走那條少有人支持的路，她相信那條路上一定有別人看不到的風景，哪怕那風景只能持續片刻。

終於，Lulu 和家人坦白了自己的想法——她想做攝影師。父母和親友那裡，當然是一片反對和質疑：喜歡攝影不代表可以把它當工作；你拍的照片確實很出色，但是跟去做職業攝影師是兩回事；攝影師工作收入不固定；你一個女孩子家怎麼扛得動那麼重的攝影器材……可 Lulu 說，再不嘗試追求自己喜歡做的事情，就來不及了。

從開始總是因為犯錯被罵的菜鳥攝影助理，直到可以獨當一面的攝影師。哪怕拍攝工作再累，Lulu 也一直堅持擠出時間，每日拍一張照片發到網上。慢慢地，她在最擅長的人像拍攝中摸索出了自己的風格，拍攝視角也很特別，作品深受讚揚。三年後，Lulu 的個人攝影展如期舉行，很多工作邀約找上門來。Lulu 說，三年前的自己在做出選擇的時候，絲毫沒有預料到自己會成功，只是想為了自己堅持一把。現在的她，更懂得時間的珍貴，無論做任何事情盡可能盡心盡力，逐漸提高了自己的執行力，更懂得付出的價值和收穫的意義。

沒有三年的顛覆性改變，Lulu就不可能看到今天看到的風景。

這是一個最好的時代。時代在高速變化，人也不是一成不變的個體。如果你的目的是為了讓自己變得更好，那你就應該勇敢去嘗試，衝破眼前的侷限和迷茫。嘗試改變的方向是什麼？是堅持每天往前邁一步，每天進步一點點。即使你正步入茫茫的迷霧中失去方向，也不要為此而放棄那條少有人走的路，也不要溫和地隨波逐流，放棄自我。

生活有一千種美好，就會有一千種醜陋。請不要溫和地走進生活，有態度才會有改變，有改變才能有希望，至少我們要保持強悍的人生態度——改變自己。願你的堅持終將抵達美好的彼岸。

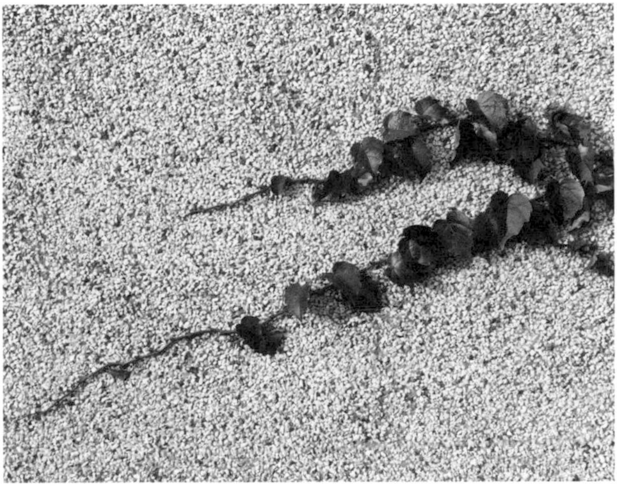

◆ 命運就像沙塵暴，你無處遁逃，只有勇敢跨入其中。當你從沙塵暴中逃出，你就已不是跨入時的你了。

◆ 請不要溫和地走進生活，有態度才會有改變。

落差：如何化解我們內心的失望

◆人類就像彈簧，壓力越大，彈性就越大；人生就像瀑布，落差越大，就越壯美。

所謂落差或失望，無非就是不能如意。然而，人生之不如意十有八九。無論你多麼富有、多麼有權勢，總也逃離不了落差的存在。從人類來到世界的第一聲啼哭開始，在各個年齡階段，都會面臨不滿和沮喪。雖然我們更喜歡一生順遂，但落差是生活中的常態，它就像硬幣的反面，始終伴隨著我們。

要知道，我們走過的每一步都是有意義的。內心的失望也是，**有的時候，我們的內心需要一些憂慮和不滿，來推動我們產生進步、做出改變。**

巴頓將軍說過：「個人的成功不是看他爬得有多高，而是看他跌到谷底之後能反彈多高。」陳奕迅唱到：「盪氣迴腸氣是為了最美的平凡。」人人都明白這個道理，但依然有人觸底之後沒有反彈，漸漸被失望的情緒淹沒，最後一直沒走出谷底。

昊文在公司工作了好幾年，和他同一個辦公室的同事總是能夠獲得上級的認可，一些加薪或是外出學習的機會且會落到同事頭上。剛開始，昊文並沒有什麼特別的感覺，認為只要努力，自己也會有機會。可是，時間長了，看見同事總是在得到一些自己夢寐以求的東西，就覺得心裡很不舒服。後來甚至一看見同事的笑臉，昊文就不高興，連話都不和對方說了。雖然昊文也知道自己這麼想、這麼做是不對的，但是卻控制不了自己。

其實，對於失望或者某件事的失敗來說，最痛苦的一件事不是別人怎樣評價你，而是我們自己的態度。

想要化解並利用自己的失望情緒，首先需要有足夠的生命能量和信心，將憂慮轉化成激勵行動的動力。而想要有足夠的生命能量和信心，我們需要每天都給自己的內心餵養充滿力量的資訊，比如閱讀、音樂、講座等等。如果你想減肥，就請閱讀十本以上由曾經減肥成功者寫作的減肥書籍；如果你想創業，就請閱讀大量商業書籍；你在可以利用空閒的時間，參加各種研討班或演講活動。心理學家建議我們每天至少應花十五分鐘，用各種形式的激勵性材料餵養個人思想，因為這將持續為你補充能量，使我們的內心常處於一種積極的狀態。

其次，我們要學會理性地認識落差，傾聽自己內心的聲音。**很多時候，我們盲目的自信只會換來現實的骨感。**明明我有把握順利拿到心儀公司的錄取函，到頭未來被同小組的A搶了先；明明規劃好了自己的創業過程，結果無論我怎麼努力，生活、工作過得都不是自己想要的模樣……滿腔抱怨的同時，你是否應該理智地想一想，是自己沒能正確認清自己，還是他人眼光欠缺？我們人生中的很多落差根源往往是自己無法清楚自我定位，自己都不知道自己是誰，不懂適合自己的是什麼。巴黎七大精神分析學家之一米歇爾．勒朱瓦耶建議，在確定目標之前，先做出一點小小的改變，從而傾聽自己內心的聲音，加深對自己的認知，改變對自己的看法，理解自己在改變之前所處的狀態。

◆ 對於失望或者某件事的失敗來說，最痛苦的一件事不是別人怎樣評價你，而是我們自己的態度。

最後，要學會恰當地處理落差，凡是讓你失望的，其實都是你需要學會面對和超越的。內心失望的壞情緒不是一次打擊，而是一個變得更好的機會。當我艱難地向雜誌社投稿時，每次退稿都給我帶來了失望。面對巨大的心理落差，調整好情緒之後，我開始將目光投向那些阻礙我中稿的因素。我發現，雖然我的想法很紮實，但我的細節描寫並不細膩，不足以將讀者帶入情境。所以，我報名參加了一個寫作課程，並且找到了一位指導我細節描寫技巧的良師益友。從那之後，雜誌上開始漸漸出現我的作品。

人之所以為人，是因為我們在困難挫折面前永不低頭。**人最大的失望是自己放棄自己。我們自身都潛藏著巨大的生命能量，只是我們往往不自知。**面對落差，對失望情緒來臨時，打倒我們的往往是我們自身，而拯救我們的也同樣是來自於我們自己內部的力量。唯有化解並超越心中的失望，才能活出平和而強大的自己。我們終將學會，在希望和失望間，平和地生活。

忘掉已知的一切，去體驗無數可能

◆每個人都有自己獨立的人生，只有自己才能感受自己的生命，只有自己才可以決定自己走向哪裡。

讀書、工作、結婚、生子、退休、養老，我們絕大多數人都會按照這樣的既定程式走完一生。這樣的生活，或許幸福，或許苦悶，或許精彩，或許乏味……等到垂垂老矣，我們已經記不起那些波瀾不驚的歲月，但是一定會記得那段我們突破自我限定、探索人生無數可能的日子。

誰說女人做了媽媽之後，就得放棄工作，放棄自己想學習的技能，放棄想看的風景？

日本女醫生吉田穗波，在陸續生了五個孩子、全職工作的同時，到哈佛留學兩年，取得了哈佛學位，還出了本書《就因為沒時間，才什麼都能辦到》。忙碌的時候、感覺自己沒有自由的時候，反而是「充滿幹勁」精力爆表的時候。這種小宇宙爆發的時刻，正是開始自己想做事情的最佳機會，而這種精力也是日後開拓自己人生的一股力量。

誰說人老了以後，只能去廣場上舞動人生？

七十九歲男模王德順在二零一五年國際時裝週上驚豔全場。他的人生實在太精彩。他為白岩松等很多名人上過形體藝術課，為中國帶出第一批時裝模特兒，還演過電影、做過默劇，出演《天地英雄》、《闖關東》、《功夫之王》、《重返二十歲》等。如此高齡的他，還參加了全國速度滑冰馬拉松比賽。人的潛能是可以挖掘的，「太晚了，來不及了」、「別人都是這樣」……這些不過是讓你在想做的事面前退卻的藉口罷了。因為除了你自己，沒有誰能阻止你成功。**無論年齡多大，嘗試新鮮事物對於每一個人來說永遠都不晚。**

無論何時，我們都可以打開人生另一扇們，那扇們的通關密語就是，忘掉已

◆無論何時，我們都可以打開人生另一扇門，那扇門的通關密語就是：忘掉已知的一切，去愛、去行動、去體驗。

知的一切，去愛、去行動、去體驗。

TED上有一個演講《我的父親是恐怖分子，但我選擇了和平》，講述了一個叫札克的小孩，他在暴力氛圍中度過了童年，父親作為恐怖分子被捕入獄，母親帶著他顛沛流離。他和母親居無定所，因為每到一個新環境，他都會被人指責父親是恐怖分子，因此他經常裝作胃痛，不想去上學。每到一個學校，同學總是欺負他、嘲笑他……「罪犯的兒子」這個標籤一直跟隨著札克，他自卑又懦弱，也不懂得快樂是什麼。

札克隱姓埋名，慢慢地長大了，有了一些朋友。有一天，他鼓足勇氣對他的兩個朋友說：「我的父親是恐怖分子……」有一個朋友生氣了，但生氣的原因並不是札克的父親，而是因為札克沒有選擇第一個告訴他，而是先告訴了另一個朋友。札克這才知道，原來是有人在乎他的，是有人不介意他的「罪犯的兒子」這個身份的。從那以後，札克變了，儘管他在暴力中長大，卻用善良與寬恕對待施暴的人和整個世界。

札克四處演講，他希望用他的經驗去開導、感染更多人。有一天，在他演講完後，一位女士哭著走到台前找他：「我一直擔心這些年你會不會變得像你父親一樣，做一個恐怖分子。但是今天看到你，我真的太高興、太激動了！」原來，這位女子就是當年逮捕札克父親的員警。

每個人都有自己獨立的人生，只有自己才能感受自己的生命，只有自己才可以決定自己走向哪裡。

這個世界上，每個人都是獨一無二的。我們有各自獨特的人生軌跡，有各自獨特的思維習慣、天賦和能力。對未來，我們會擁有各自不同的期待與幻想，會創造出不一樣的生活。後悔沒試過和後悔搞砸了的等級永遠不一樣，前者讓你更懦弱，後者讓你更智慧。**改變不分年齡、性別和身份，只要你想，決定權就在你手裡。**

請忘掉已知的一切，重新檢視自己的生命，讓生命變得更豐盈且厚重。最後，願你以後的人生總有事做，有人愛，有問題可想，有選擇的自由。

第三部　行動

放開舊的：世界正在殘酷懲罰不改變的人

我們誰都不想在垂暮之年，回頭看自己走過的路，
才開始後悔當初，後悔沒活成自己想要的樣子。

PETER
JARDIN

擺脫他人對你的期待

◆ 我們終此一生，就是要擺脫他人的期待，找到真正的自己。

《無聲告白》開頭第一句話是：莉迪亞死了。整部小說都是圍繞著探尋莉迪亞自殺的原因而展開的。大家都想要探究真相，可最終發現，正是莉迪亞的父母給予她的沉重期望讓她選擇了離開。這是被愛綁架的另一種痛苦，莉迪亞選擇用死亡來進行無聲的告白。

我們終此一生，就是要擺脫他人的期待，找到真正的自己。

小時候，父母只允許你跟品學兼優的學生一起玩，看到你跟成績不好、愛玩的同學在一起，就會衝過來把你揪走。

中學時，你想選自己喜歡的文科，父母卻堅持讓你選理科，他們說：理科比文科好考大學。

大學填志願選科系時，你想選自己喜歡的科系，父母只允許你在老師、醫生等專業裡選，他們說：這才是未來的鐵飯碗。

大學畢業後，你想去追求夢想，父母卻要你放棄。他們說：結婚生子，過安穩的生活，才是一個孝順的兒女應該做的事。

工作幾年後，你升職加薪，事業成功，朋友卻一直聚焦在你這麼大歲數了為什麼還沒談戀愛、沒有結婚？好像你的獨立在他們眼中並不是一件值得驕傲的事。

也許會有人質疑，別人的「期望」並不是什麼過分的要求啊。但是對我們為了滿足別人不同的「期望」而一次次地做出犧牲和放棄時，這樣的人生還能完整和圓滿嗎？這樣的人生還是為自己而活的嗎？因為害怕面對親朋好友失望的眼神，我們用盡全力不辜負每一份熱切的期望，用盡全力去實現這些期望。可是，當你關上門獨處的時候，想想自己做的每一件事，哪一件是自己真正喜歡且不惜一切代價都要去做的？你是否會感覺對眼前的一切和未來失去了曾經的熱血？

人生是一條單行道，我們只能往前走。當你單槍匹馬地穿梭在冰冷的鋼筋水泥森林，卻仍能鼓起勇氣向前，那是因為你知道自己究竟想要什麼，你正在按照自己的心意生活。這才是理想的人生。

不要讓別人對你的期待成為一種枷鎖，更不要認為拒絕「期待」等同於傷害別人，**人生是自己的，把生活過成自己想要的樣子，其實才是對愛最好的回報。**

我身邊有個日本朋友，已經三十多歲了，獨自在中國生活。我認識他的時候他正在學習漢語，經常會和我們這些中國朋友一起聊天吃飯，這是他練習漢語的一種方式。他說他的夢想是成為一名導演，在日本打工存夠了錢就來了中國，後來經過自己的努力考過了北京電影學院。三十多歲的他跟九零後們一起上課，雖然他的漢語已經很好了，但大學的課程他學得很吃力，尤其碰到高等數學這樣的必修科目更是頭疼，但他還是硬著頭皮堅持下來了。還沒畢業的時候，他就開始跟同學們一起拍一些短片或微電影。他把自己拍的微電影傳給朋友們，並一個個詢問我們的觀看感受，十分認真地聽取大家的建議。在認識他的朋友眼裡，他是

◆ 把生活過成自己想要的樣子，其實才是對愛最好的回報。

一個為了夢想，不怕麻煩、一絲不苟的人。

現在，我的這位日本朋友已經開始跟劇組出去拍攝了。沒有問過他家人是否支持他的導演夢，但看到他在烈日下對著攝影機的身影，這樣堅持自己夢想、認真生活，總會讓人莫名感動。

我問過其他很多朋友，如果你是三十多歲，獨身在異國他鄉，語言不通，有文化差異，你還能重拾夢想，去勇敢追求，並不惜付出一切代價嗎？他們的回答大多是：父母肯定不會同意自己這樣做的。

遇到自己真正喜歡且可以稱之為夢想的事情，何其幸運。然而我們大多數人，遇見一些喜歡的東西，卻因為與別人的期待相悖而放棄，慨嘆錯過之後，最後還是必須接受。

我始終相信，世界上根本不存在所謂更好的路，也不存在一勞永逸的生活。**改變並非是強迫你改變現有的一切，而是讓你去感知人生更多的可能性。**其實，你不必為了順應任何人的期待去改變，或者不改變，真正的成長是優於過去的自己。

活在別人的期待中，面對人生選擇時，你就會舉棋不定，輕易被廉價的言論和愛的名義煽動，你會很容易做出違心的決定。**不要總是太在意別人的意見和看法，卻忽略了自己內心的聲音。**人生短短幾十年，相信我們誰都不想在垂暮之年，回頭看自己走過的路，才開始後悔當初，後悔沒活成自己想要的樣子。

能控制你的，都是你不了解的東西

◆人們之所以不願改變，是因為害怕未知。

轉眼間，我大學畢業快六年了。前不久聽說，大學畢業回到家鄉做公務員的謝同學辭掉了安逸的工作，離家來京參加研究生考試，考上了北京大學的光華MBA。

看到謝同學實現了自己的目粽，同學們都為他鼓掌按讚。很多同學坦言，更佩服的是他敢於突破的勇氣和堅持學習的毅力。畢業六年，大家在不同的城市、不同的行業不斷往前走著，很多人的事業有了成就，建立了美滿的家庭，早已習慣了穩定、安逸的生活。**拋棄已經牢牢把握在手的安逸生活，為一個別人眼中虛**

◆ 能控制我們、阻撓我們不斷精進向前的，正是我們不了解的東西。

無標緲的目標打拚，並堅持到成功，是非常艱難的。

因為面對未知的選擇和變化，我們總會不斷地糾結這件事情會因為變化而變得更好呢，還是變得更壞？為此，我們踟躇不前。其實人們之所以不願改變，是因為害怕未知。**能控制我們，阻撓我們不斷精進向前的，正是我們不瞭解的東西。**

剛畢業時，謝同學們都是這樣想的：挑戰未知的成本太高了，渴望安定下來的身心、未知的前路以及對父母多年期望的交代，都阻止著他們邁出挑戰未知生活的第一步。於是他們想著，就湊合工作著吧，再湊合著相個親，結個婚，養個孩子，孝順父母，一輩子就這樣過去了。謝同學說：「這樣的生活安定卻千篇一律，我彷彿能預見到自己年老之後的樣子。我不想自己頭髮花白、感慨人生時，心裡還是一番後悔和遺憾。」

其實，對未知事物的恐懼是人類的共同點，而我們之所以不敢挑戰未知、害怕未知的事物，是因為懶惰和害怕失敗。

無論是做事方式，還是與人溝通的方式，每個人都有屬於自己的一套習慣，這就是心理舒適圈。在為人處世的過程中，只有活在舒適圈裡，人們的心裡才沒有壓抑的感覺，才會感覺更踏實。所以，很多人想要變得更好，卻不去突破自己的心理舒適圈，懶於學習和挑戰新事物。**不管是為了財富、自由，抑或是人生更多可能性，只有打破舒適圈，一個人才能見到前所未有的突破和卓越，持久的幸福感也就隨之而來。**真正的強者，總是不斷地把未知變成已知，不斷地擴大自己的舒適圈，在經歷過一切後，無論在哪裡，都有他的舒適圈。

我們經常聽到這樣的例子，很多有著良好甚至高級教育背景的人，不堪失敗而一蹶不振，甚至放棄生命。其實，不論是見識、格局還是能力，這些人絕對是出類拔萃的，但是在高能力、高職位、高收入的背後，自尊心和虛榮心也跟著水漲船高，以至於他們不能接受自己有半點失敗。因為害怕失敗，他們也會在未知事物前止步不前，儘管那看起來是很好的機會。因為害怕失敗，看不到身上的優點，心底的自信心也越來越稀薄。長此以往，面對未知的事物，也不會輕易觸碰了。

反觀那些能接受生命中各種失敗的人，即使是在自己一開始未知的領域，也往往能收獲令世人驚豔的成績。其實，**對於我們每個人來說，活著即意味著變化，而變化的開始即是未知事物。**請告訴自己：無論發生什麼，無論結局好壞，我都願意去面對；就算所有人都對我不滿意，我也不會害怕，因為我可以接受人們對我的不滿意，我也可以接受自己的不完美。

阿道斯．赫胥黎說：「這世上分為已知和未知，處於中間地帶的就是感知之門。」想要穿越中間地帶的感知之門，把未知變成已知，把不可控變成自由掌控，就請你勇於挑戰未知，擴大自己的舒適圈，不懼怕失敗，接受真正的自己。

最重要的是，一定不要害怕變化，不要拒絕改變，更不要害怕未知。希望你們都能和現實做一場較量，不斷變化、改變、成長，把自己變成更優秀的人。這才是人生的光芒。

減少內在消耗，停止糾結

◆無論勝與敗，內在的戰鬥最消耗我們的能量。

你有沒有過這種經驗，明明一天中沒做什麼事情，還是感覺非常累？原因就是內在的各種糾結大大消耗了我們的意識能量。有時候，內心戲太多了，也會累。

這些糾結大到影響人生道路的工作、感情等問題，比如有個心儀已久的工作向你伸出橄欖枝，但是前提是你要離開熟悉的城市駐外兩年，去還是不去；比如你選擇了新工作機會，你要和男（女）友分隔異地了，感情前途因此變得不明朗，這段感情你還持不堅持……還有小到無關痛癢，可能你都不會意識到的生活小細節，比如早上糾結是賴床還是起來做一份精緻的早餐，比如在外吃飯時糾結要選A套餐是B套餐，比如近距離外出時糾結要叫計程車還是騎公共腳踏車……

這些糾結不斷地拉扯著我們的內心，讓我們總是自覺或不自覺地對生活中的某些事情翻來覆去地思考，似乎無法逃離陷入過度思慮的命運。

前幾天，我遇到一位多年未見的同學。兩人相見，不禁感嘆彼此生活的變化完全脫離最初的預想。她去年本想考自己喜歡的研究所，結果失敗了，卻出乎意料地遇到了一份不錯的工作。今年是繼續考研還是不考呢？不考她覺得不心，可如果花費了時間去準備考試而又沒考上，那不是浪費了大好的時光嗎？這半年來，她每天就在考與不考之間糾結。

我問她，去年你每天花多少時間學習？她說，去年每天學習四個小時，學了三個月，考前一週突擊了一下，最後就差三分。我又問她，現在你每天想這件事情大概花多少時間？

她說：「從過年到現在六個月，每天都在想，上班、下班都想，煩死了。」

過多的無用思慮會大大消耗我們的生命能量，讓我們覺得即使什麼也沒做還是疲憊不堪，給人的感覺也是精神困頓，做事也是拖泥帶水。而反觀那些很少糾結的人，他們雷厲風行，冷靜理智，精神面貌良好。

糾結與拖延的成本，遠遠高於真正開始行動所需要的成本，而我們在糾結的過程中也會慢慢地陷入越等待越不行動的迴圈。**與其消耗自己的心力與體力，還不如去試一試。**

亞美這幾天一直在糾結自己是不是該給一個大客戶打電話。這個客戶是她的一個重要資源：如果打了，她擔心人家覺得自己公司剛創業、資歷不夠；如果不打，這個案子肯定就沒有下文了。因為這件事情，她頭痛了一個星期，為此失眠，甚至和家人發脾氣，面對客戶也越來越沒有信心。

「如果繼續等待，我不但把自己折磨得身心俱疲，這筆業務沒成不說，還會影響自己其他業務；如果我主動聯繫了客戶，還有成功的可能，即使不成，我也可以安心集中精力應對新的客戶。」

這樣分析了一番之後，亞美果斷地撥通了大客戶的電話，她驚喜地聽到對方爽快地答應自己，對方還開玩笑責怪她：「為什麼現在才說，還以為你找別人了呢！」

在這個喧囂浮躁的社會，內在和現實難免發生衝突，我們想要減少內在消耗，獲得內心的安寧，唯一的方法就是正視糾結，聽從內心真正的聲音，停止糾結。

正視糾結就是接受自己是一個容易糾結的人，接受自己需要反覆斟酌之後才能做出決定。一邊糾結，一邊自責，責備自己怎麼可以這麼糾結，怎麼可以如此猶豫，這裡面其實隱含著對自己的攻擊。越排斥、攻擊自己，就越聽不到內心的聲音，你就越容易自暴自棄，甚至最終因為糾結而逃避、放棄選擇。不做選擇，才是最壞的選擇。

你可以多給自己一些時間，靜下來，留意傾聽內心的聲音。很多時候，時間會給你答案，會讓你看清楚更多東西。這絕不是消極地等待命運安排，你可以嘗試或者假設各種可能，看看在怎樣的情況下，你的心才會感到安穩。

大多數時候，很多人選擇最表象的「療癒」——不去傾聽內心的聲音，試圖透過增強理性、大腦的力量，以達到說服另一方的目的。然而，結果往往是，無

◆ 我們想要減少內在消耗，獲得內心的安寧， 唯一的方法就是正視糾結，聽從內心真正的聲音，停止糾結。

論戰勝與否，你都將收獲疲憊、焦慮、孤獨、低落等身心狀態。因為，無論勝與敗，內在的戰鬥最消耗我們的能量。只有認真地傾聽內心的聲音並順從它，我們才會感覺到身心是一體的，沒有拉扯的感覺，沒有內在衝突，沒有內在消耗。

如果你不能分辨內心的聲音，只有讓自己多嘗試，才能在成與敗的反饋中知道自己到底是誰，才能讓內心真正的聲音突顯出來，明白自己想要什麼，不要什麼。

猶豫不決的時候，不妨拋個硬幣。這個方法很老土，我們也絕不能把做決定這種重要的事情全然交給機率，但是你可以在意識中放慢拋硬幣的過程，硬幣拋到半空的時候，去感知自己的心，它強烈地渴望硬幣拋出哪一面？或者，當硬幣落地時，你是否還想再拋一次？這時候，內心的聲音是什麼，我想你已經瞭然於胸了。接下來，就該隨心所欲地做出選擇了。

很多人在做出選擇後也會糾結，糾結自己如果選擇另一方會不會更好。其實，一切都是最好的安排。只要選擇了，無怨無悔地堅持走下去，都不會太差。反而是無休止的糾結，才會徒勞地消耗心力。

面對糾結，古希臘哲學家蘇格拉底也是用傾聽自己內心的聲音來停止內心的糾結。不過他說得既具體又抽象——在接受幾百人大審判時，他公開為自己辯護：「我已經習慣了精靈的聲音，如果我將要做什麼不對的事，無論是多麼瑣碎的小事，它都會加以阻止。」

你需用愛溫養你的精靈，時刻傾聽它的聲音，方能消解內心的衝突，沒有內在消耗，永遠做自己的主人。

對你說「不」的人

◆世界是你自己的，與他人毫無關係。

在實現夢想的路上，總會有人站出來對我們說「你不行的」。他們不承認我們所做的努力，也不去看我們所取得的成就，他們只會打擊、嘲笑我們，甚至諷刺、恐嚇我們……總之，他們用各式各樣的方法勸阻我們努力。

而夢想，本來就帶著厚厚的希望和英雄主義式的希冀，即使看不清結局，即使虛無縹緲。面對那些對你說「不」的人，你需要保持定力，千萬不要因為別人的拒絕而加倍地拒絕自己，不要因為別人的否定而加倍自我否定。正像海藍博士所說：「你的任務不是根據別人說了什麼、做了什麼來評判自己，你唯一需要做的是緊緊盯住自己的夢想，一步步靠近，哪怕這一次只靠近了一公分。」**當然，堅定信念的前提是你充分瞭解自己、認可自己，不會因為別人一句話而輕易否定自己。**

有太多人無法積極面對別人的否定，常常因為別人說了不認可的話就憤怒、抑鬱，自哀自憐。

有人在婚姻裡挫敗。明明覺得自己做得已經很好了，能夠自己肯定自己了，但伴侶稍微說一句苛刻的話，或者挑剔、指責一下，還是受不了，感覺在家裡滿滿的負能量。家變成了一個想逃離的地方，人也變得越來越敏感，越來越不想對伴侶吐露心聲。生活壓抑到窒息，有人甚至得了憂鬱症。

有人在工作裡挫敗。明明覺得自己已經盡職盡責地把工作做到了一百二十分，可老闆還是雞蛋裡挑骨頭，一會說這不行，一會說那也不好。為此，有些人甚至能列出一百個理由證明絕對是老闆有問題。一陣放棄自我的吐槽過後，他唉聲嘆氣，無精打采。

有人在人際關係裡挫敗。明明覺得自己很真誠也很善良，但是依然有人指責他，說他不好。他認為別人對自己有偏見，看不起自己而扭曲事實，所以他覺得自己受到了嚴重的傷害，很委屈、很受傷，也很憤怒。

生活中永遠不乏對你說「不」的人。有時，一次小失誤，你便從此不被信任；有時只因為一句活，就有人全盤否定你的付出；更有時候，你剛站在起點，旁人便認定你無法起跑，抑或到不了終點。因此，你也常常習慣把失敗的原因歸結於那些對我們說「不」的人。可是，你的自暴自棄、自怨自艾真的是因為他們嗎？

你聰明有人會說你心機重，你靠的是努力有人會說你運氣好，你說自己天生樂觀有人會說你虛假。有時，你明明就是一杯白開水，卻被硬生生逼成了滿肚子委屈的碳酸飲料。人一生會遇見太多人，沒必要活在他們的眼神裡，只要內心澄明，就永遠不用討好一個不懂你的人。

一位曾在美國 **FBI** 工作六年的人像畫師，做了這樣一個實驗：他召集了一批素未謀面的志願者，然後依據志願者們對自身的描述，依次畫出他們的素描肖像。整個過程中，畫師與志願者之間都用屏障隔開。第一階段完成後，畫師又透過志願者們的朋友或同事對他們的描述，再依次為他們畫出第二張肖像，然後將前後兩張畫像進行對比。

有意思的是，透過別人描述而畫出來的，比自身描述而畫出來的肖像，不但容貌俊美很多，面部表情亦更顯和善、自信。志願者們看到對比畫後，也感到十分驚奇與感動。

比起別人用一百句話來諷刺、否定你，更可怕的是你對自己一次次的挑剔和否定。那些對你說「不」的人，他們只是跟你做了同樣的事情而已——否定你自己。

然而，**世界是你自己的，與他人毫無關係。**別人說完了，繼續回到自己的世界裡風生水起，你卻玻璃心碎一地，還因此一蹶不振，這太可悲了。只有無法認可自己的人，才會去別人那裡尋求認可。相反地，我們身邊也有很多這樣的人，他們在承受很多別人的指責和否定之後，仍能淡定自若，不卑不亢。那是因為他們很少否定自己，別人的一些否定和指責似乎永遠觸摸不到他的底線。

就算全世界都否定你，你也要相信你自己。世界很複雜，每個人都有每個人

◆人一生會遇見太多人，沒必要活在他們的眼神裡，只要內心澄明，就永遠不用討好一個不懂你的人。

的看法，每個人都常常只是站在自己的角度看問題，所以不要在意別人的看法。自我否定只能停止或者後退，只有肯定自己才能繼續前進。這是你的生活，沒有人能對你說「不」，除了你自己。

請接納自己的所有，成功或失敗，優點或缺點，喜悅或悲傷，然後，永遠地，讓自己活得很漂亮。

自尊心在作怪

◆迷路的時候，我們需要放下自尊和面子，這是自我成長的第一步。

曾經有一段馬雲的影片在網上瘋傳。一九九六年，一個又矮又瘦的年輕人推著自行車，挨家挨戶地推銷自己做的黃頁，可是大部分人都不予理睬，有人甚至連門都不為他開。鏡頭記錄下了馬雲當時所有的窘迫與無奈，也見證了他許下的誓言，他說：「再拉幾年，北京就不會這麼對我，再過幾年你們都會知道我是幹什麼的。」二十年後，他做到了。

很多人在影片下面評論：「如果夠想得到你想得到的，請放下無用的自尊。」

關於自尊，比較學術一點的說法是，外界的眼光會形成我們的理想自我，這時常會和我們的真實自我產生矛盾，而這種矛盾協調的能力就是自尊。高自尊水準的人，能忽略外界的眼光，腳踏實地，拚搏奮鬥，恪守約定俗成的道德標準，能協調好自己與外部壓力之間的矛盾，永遠讓自己體面而有尊嚴地活著；而自尊水準低的人，脆弱又敏感，找不到自己與外部壓力之間的平衡點，硬是把這種體面和有尊嚴過成了世俗中的虛榮和面子，這就是無用的自尊。

而一個人越是百無一用的時候，就越執念於那些無足輕重的面子。他們雖然內心脆弱不堪，表像上卻處處要表現出自己有強大的自尊心，彷彿強大的自尊心會換來一份自我感覺良好的存在感。這種脆弱的自我吹捧，在別人眼裡，其實不過是自卑罷了。更多的時候，能力和自尊要求是成反比的，能力強的人並不需要無用的自尊來刷存在感。比爾．蓋茲說：「這世界並不會在意你的自尊。這世界指望你在自我感覺良好之前要先有所成就。」

有個遠方親戚家的孩子，堅持要當「白領」，寧可在家失業啃老也不去做一些薪資並不低的「藍領」，以為那是「丟人現眼」。家人好不容易託人帶他找了

◆ 一無所有並不可怕，可怕的是你有一顆易碎的玻璃心，所以別讓那些無用的自尊，斷送了你的前程。

一份還算理想的工作，可是去上班的第二天，就因為被同事嫌棄學歷低覺得傷了自尊而辭掉了工作。至今，他也沒有一份正式工作。

一無所有並不可怕，可怕的是有一顆易碎的玻璃心，所以別讓那些無用的自尊，斷送了你的前程。所謂無用的自尊，不過是靠別人的認可和肯定，自己給自己建設起來的高牆。換句話說，這種人對別人的認可需求度很高，而自我認同感很低。

很多人認識吳昕，是因為《快樂大本營》這個節目，但或許不是因為她在舞臺上的風光無限，而是因為她的「台詞少，話不多」。按照常規，她也成了演藝圈「易中槍」的那一類人。曾經有媒體評論說：她沒有娜姐的那股幽默；沒有何老師的那份睿智；沒有嘉哥的那份搞笑；也沒有海濤的那個胖。吳昕似乎永遠是角落裡的那個女孩。

在自己主持的節目中，吳昕沒有存在感，但是她並沒有因為外界的評論就退縮、放棄，這些年來，她一直兢兢業業地堅守看自己的夢想。在生活中，她沒有選擇安於現狀：創立自己的公仔品牌、參與時尚節目，擔當主持人、開設自己的連索餐廳、創建閨蜜私服館……不僅如此，近年來她也開始參加一些戲劇、演出。吳昕甘願成為舞臺上的配角，不是因為她不想成為主角，只是她覺得這個位置就是當前她所要堅守的位置。然而，在自己的人生裡，她活出了自己的精彩。

林語堂說過，人生不過如此，且行且珍惜，自己永遠是自己的主角，不要總在別人的戲劇裡充當配角。**放下無用的自尊，做自己人生的主角，不要總是活在別人的期望裡。**放下自尊和面子，接納真正的自我，認同自己，這是自我成長的第一步。

你可以從敢在朋友面前秀出自己不發達的運動細胞開始，從敢於素顏出門遊玩開始，接受自己的不完美，也不要把別人想得太完美。不要怕失敗，也不要怕被拒絕。自信的人，往往是碰壁碰得多了，就不怕了，慢慢地，也就知道怎麼才能不碰壁了。

拿出你可以拯救全世界的氣勢，放下無用的自尊，和心裡那個懦弱的小鬼作對到底吧！

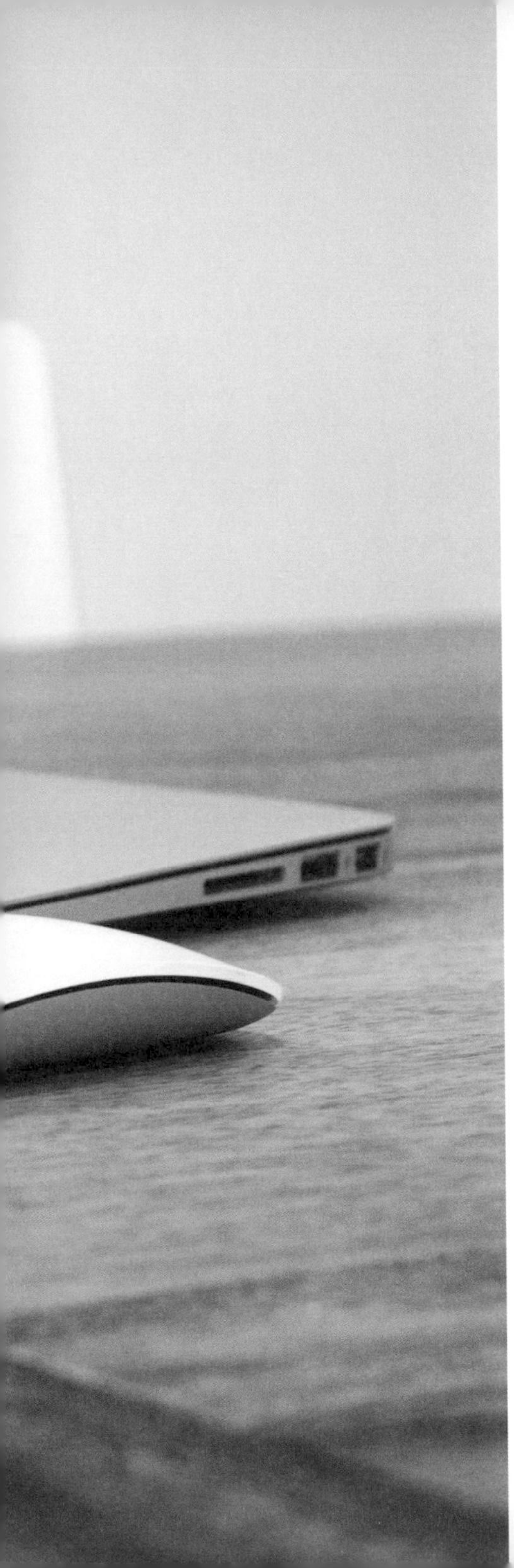

第四部 堅毅

成為高端學習者

我們要選擇為生活賦予意義，而不是隨波逐流、無意識地跟隨感覺生活。

十八種受益終生的經典思維方式

◆試著打破這種思維的格局，去磨練自己、改變自己，從而扳回命運一局，而不是坐以待斃。

二零一七年八月六日，在世界青少年高爾夫錦標賽中，劉國梁的女兒劉宇婕以且杆數一百零六杆獲得女子七歲及以下組的亞軍，這既是本屆賽事中國小選手獲得的最好名次，也是首次華人獲世界高爾夫比賽亞軍。

網友紛紛豎起大拇指：虎父無犬女。不過，也有人發表了不同的看法：像高爾夫這種貴族運動，一般的家庭哪裡有條件承擔？一般家庭的孩子還是要好好讀書，考個好大學，才能出人頭地。

劉國梁送女兒去學高爾夫僅僅是因為有錢嗎？他之所以送女兒去學高爾夫，最關鍵的出發點是女兒真心喜歡高爾夫，並且在這方面有天分啊！

有的父母打壓孩子的天性，阻止他們投入精力和時間學自己真正喜歡的東西，一味逼孩子認真學習；而有的父母卻很注重發現和培養孩子從小就喜就做的事情，即使未來不能靠此獲得名利，那也是面對未來平淡而冗長人生的調味劑，加深了生命的深度。這就是思維方式的差異。

誠然，我們不能否認貧富的差距會帶給人不同的思維方式。面對這個問題，成熟的態度是，不會因為這種差異而覺得人生無望。**人類最神奇的地方就在於對瞭解到自己的侷限的時候，試著打破這種思維的格局，去磨練自己、改變自己，從而扳回命運一局，而不是坐以待斃。**

改變思維方式比學習知識本身更有意義。以下十八種經典思維方式，一定會讓你受益終生。

1. 司馬光思維：當你陷入被動的境地，唯有打破牢籠，才能獲得生機。這就是司馬光思維的精髓所在。只有打破舊思維方式的桎梏，才能看到新思路的光明。司馬光靈機一動，砸缸救人，其實他砸碎的不只是一口現實生活中看得見摸得看的缸，同時也是一種舊的思維模式。

2.孫子思維：孫子曰：「知己知彼，百戰不殆。」這句名言體現了一種十分可貴的思維方式，那就是：要戰勝對手，就必須先瞭解對手。然而，一個人唯有先瞭解了自己，才能了解別人。

3.拿破崙思維：所謂拿破崙思維，就是敢想敢做，不受外界干擾，在任何情況下都能保持思想獨立，始終保持自己的主見，用自己的目光去審視世界，用自己的方法去解決問題。在當今這個資訊爆炸的時代，我們每個人都需要這種心無旁鶩、銳意進取的專注力。

4.亞歷山大思維：它蘊涵著一種很霸氣的思維方式：成大事者，敢於打破陳規舊習，勇敢走自己的路。一旦思想破冰了，人生情勢自會所向披靡，加上超強的行動力，定會走出一片廣闊天地。

5.哥倫布思維：哥倫布思維的可貴之處就是想做什麼就要去做，絕不拖延。

◆ 人的先天條件無法改變，但是事半功倍的思維方式卻是可以後天培養的。

即使在眾人認為不可能的情況下，也要去探險、去行動，開拓出屬於自己的一條路。所謂「不破不立」就是這個意思。雖然改變的過程是很痛苦的，但是人沒有痛苦就很難有進步。唯有去做，你才能看到人生更多的風景、更美的畫面。

6. 拉哥尼亞思維： 越是簡單的生活，越是能造就一顆豐盈且清醒的內心，這才是真正的豐富。只有最簡單的思維空間才具有最大的可能性和想像空間，有效地活用拉哥尼亞思維，有利於幫助我們理解和記憶（複雜系統現象和系統理論）。

7. 費米思維： 簡單化即意味著最經濟、最優化、最合理。費米思維就是一種最簡單、最省力、最準確的思維法則，且具有普遍的適用性。有時候，問題之所以變複雜，是因為我們沒有找到其最深刻的本質所在，沒有抓住事物最基本的規律。沒有理清問題與規律之間最直接的關係，就會被問題表層的複雜性迷惑了雙眼，因此離問題的解決方法越來越遠。

8. 多米諾思維： 多米諾思維的核心就是量變引起質變。在這個世界上，你不可以忽視任何一個微小的事物。生命也是由短小的一分一秒組成，唯有利用好每一分每一秒，踏實走好人生每一步，未來才不會辜負你的努力。而所謂「千里之堤，潰於蟻穴」，往往一些微小的東西很可能就是改變大局的觸發點。不要輕視工作或生活中的每一件小事，誰知道它是不是拯救全局的救命稻草呢？

9. 洛克菲勒思維：時時求主動，處處佔先機，以最小的代價求得利益最大化，這就是洛克菲勒思維的主旨。洛克菲勒思維不僅僅可以用於理財投資領域，還可以用於解決一般的問題。遇事考慮怎樣以最小的代價求得利益最大化，能大大提高你做事的效率。

10. 質疑思維：懷疑是改變的第一步。要在一個領域內實現自己的創新，就必須對前人用過的方法和得出的結論加以懷疑——前人的方法是否已經過時？前人的結論是否經得起現實的考驗？還有沒有更好、更高效的方法？如此，從已有的定論中提出自己的疑問，才能夠發現前人的不足之處，找準自己的方向，才能夠產生新的觀點。

11. 系統思維：系統思維是說我們要用系統的眼光和全局的視角審視這個多樣化的世界，而非管中窺豹。唯有具備系統思維，才能將單一元素放在系統中實現

「新的綜合」，實現「整體大於部分之和」的效應。

12. 移植思維：移植思維，顧名思義，就是將某一領域的新發現或方法應用於其他領域，並促成進一步的創新，實現超越。當在工作或生活中遇到問題卻不知怎麼解決時，移植思維不失為一個好方法，你可以將眼光投向別處，借鑒好的解決方法或工具。

13. 換軌思維：換軌思維，就是指思維擺脫原有的軌道，跳躍到新的路徑。就像火車換個路軌就會駛向新的方向，換個方式想問題，你往往會有意外發現。

14. 推理思維：萬物皆有關聯。由此可以及彼，串點可以成線，牽一髮而動全身。牽住有效的一線，或許可以掌控全局，這就是推理思維的價值所在。因此，不要怕麻煩，不要怕思考，很多問題，運用邏輯推理，想清楚了、算清楚了，就迎刃而解了。

15. 立體思維：立體思維是從點到線、從線到面、從面到體，不但聚焦細枝末節，同時也要能看到由細枝末節延展開來的整體，不斷打破思維侷限，翻越思維的障礙，全面創新。

◆ 越是簡單的生活，越是能造就一顆豐盈且清醒的內心，這才是真正的豐富。

16. **U形思維：**U形思維的實質是以退為進，迂迴前行。有時候，退一步不是軟弱，也不是放棄，而是為下一步的飛躍留足空間。生命的狀態不可能總是雷厲風行，在合適的時機稍作停留，更能看清自己的內心，改變也會因為內心的清澈明晰而明確。

17. **極限思維：**極限思維，就是對問題進行理想化假設。當假設被一步步推到極限，問題的實質便會呈現。同時，極限思維的演練也能讓你弄清楚自己到底最想要的是哪種改變。

18. **分解思維：**分解思維的原理是化大為小、化整為零，把大目標分解成小目標，一步步實現。如果你想要的改變是一個十分艱難的過程，不妨活用分解思維，一點點地往前走，這樣，在過程中，既能獲得實現小目標的成就感，也會增強你的自信心。

如果你還處在「明明自己很努力，卻還是比別人慢一拍」的狀態中，你可以考慮轉換一下自己的思維方式了。**人的先天條件無法改變，但是事半功倍的思維**

方式卻是可以後天培養的。如果已經輸在起跑點，那麼後半程反超對手就全靠轉換你的思維方式了。

如何經營生活，管理精力

◆學會精力管理很重要，它們能讓你有能量和精力做你自己想做的事情！

精力好和精力差的人，過的是兩種不同的人生，有的是兩種不同的未來。

我認識一位朋友，他是一家大型軟體公司的銷售經理，擁有六位數的薪水，四年之內升職了三次。可就是這樣一位典型的成功人士卻有諸多煩惱，最近幾次聊天，他都忍不住向我傾吐內心的苦悶：老闆對他的工作越來越不滿，他為此十分焦慮，覺得對工作沒有方向感和目標感，體能也有所下降。「我的生活簡直一團糟。」我不只一次聽到朋友說這句話。

村上春樹在《當我談跑步時我談些什麼》一書中說：「清晨五點起床、晚上十點之前就寢，這樣一種簡素而規則的生活宣告開始。一日之中，身體機能最為活躍的時候因人而異，在我是清晨的幾小時。在這段時間內集中精力完成重要的工作，隨後或是運動，或是處理雜務，打理那些不需高度集中精力的工作。日暮時分便悠哉遊戲，不再繼續工作。或是讀書，或是聽音樂，放鬆精神，盡量早點就寢。我大體依照這個模式度日，直至今天。拜其所賜，這二十年來工作順利，效率甚高。」

村上說寫長篇小說是體力勞動，「我們常常把創作想得太浪漫，忽略了真正的創作不能只靠靈氣和才氣，還要靠別的。」這個「別的」，我理解為可持續的精力。**精力好的人，會集中能量做重要的事。**

經營好自己的生活，不只是時間管理，更重要的是精力管理，精力達不到，時間安排得再高效再有意義也無濟於事。

剛開始接觸精力管理的時候，我對精力有一種片面的理解：精力是一種生理能力。其實精力的概念是很複雜的，它由四個部分組成：體力、情感、思想和精神。這四種精力，從低到高，前一個影響後一個，就像一個四層金字塔，體力在最底層，再往上分別是情感、思想、精神。我們可以根據精力的概念組成分級來探討一下如何管理精力。

首先，體力方面，規律的運動和充足的睡眠，缺一不可。

體力是精力管理中首當其衝必須保持好的，如果體力有問題，精力永遠不可能好。**你若不把體力保持好，精力也無處發生。**

其實，每天七個小時的有效睡眠以及半個小時的午睡，就能保持體力優勢。再加上每週三到四次的有氧鍛鍊，身體就能很快變得結實，精神也能好很多。需要注意的是，睡眠和運動都不能過度。過多的睡眠，只會讓自己挫敗感十足，精力反而大打折扣。

其次，情感方面，可以透過冥想和閱讀提高情感精力。

調查發現，冥想真的能讓人很快地安靜和安心。冥想和獨處也能平息我們心中不好的情感，使我們的靈魂得以安定。這個時代的戾氣很重，我們常常會因為一點小事就憤怒生氣，學會冥想能讓你放鬆下來，放下一些本不該計較的事情。

閱讀也是讓人內心安靜下來的方法。雖然，書中沒有顏如玉，也沒有黃金屋，但是你可以在書中找到心靈需要的出口。透過閱讀，你可以更瞭解自己，認識自己的內心，在更多時候，能懂得隨心，對事對人不再執著，減少不必要的精力損耗。

另外，如果你是一個比較悲觀的人，請多和正能量的人在一起。因為和正能量的人在一起，你不僅會心情愉快，還會為生活增添更多的可能性。

第三，思想方面，遠離手機，培養專注力；適當切換左右腦思維來放鬆自己。

這個時代的人，精力往往被碎片化的資訊占據，以至於無法長時間地集中。但是這世界上所有的美好，都來自於專注。專注力是可訓練的，能專注做一件事情會為你帶來更好的精力。所以，我們要盡量在工作學習時遠離手機，讀書時遠離人群，思考時避免被干擾。

左右腦切換的恰當使用，能讓精力分配更加高效。想像一條打了石膏的手臂吧，石膏的本意是保護受傷的手臂，同時加快恢復，但如果超過一定時間，手臂肌肉得不到訓練，就會因為靜養變得無力，甚至發生肌肉萎縮。但如果完全不打石膏，傷口就無法恢復。精力管理也是如此，我們要學會適當放鬆和切換左右腦的使用。比如，當你在繁忙的工作中感到疲憊不堪時，可以去看看畫展、看看風景；當你因為和同事溝通不順感到心累時，可以戴上耳機，聽聽輕鬆愉快的音樂，放鬆心情。

除此之外，從腦力活動切換到體力活動也可以達到放鬆的目的。有很多大公司，會在下午四點左右安排員工做做廣播體操，在繁忙的工作之餘運動一下，這樣既對員工的身體有好處，也會使其工作更高效、激發更多的靈感。

第四，精神方面，為生活和工作賦予意義。

賺錢在一定程度上能提高人的生活幸福感，但是沒有意義和價值感的工作和生活，無論賺多少錢，都會讓人垂頭喪氣，失去堅持下去的意志力。

「小確喪」盛行一時，而「喪」的很大程度就來自於目標感的缺失。激情被抹滅，我們從前進模式變為生存模式，只為滿足自己最基本的生活需求。過一天算一天，意志精力消耗殆盡，不清楚自己的人生意義和前進方向，最終導致了所

◆ 別讓長吁短嘆和無所事事，消耗寶貴的精力。你必須精力飽滿，不然哪經得起世事摧殘。

謂的「喪」。

工作是實現價值感與意義感的途徑。**我們是人，不是動物，無法過每天只吃飯睡覺的生活，除非你對這樣的生活賦予某個積極的意義，否則，這樣的活著等於死去。**對於一個找到了一份喜歡又符合自己價值感的工作的人而言，他會產生一種具有意義與興趣的感覺，這種感覺是生活幸福感的來源之一。因此，每個人都需要有自己的人生目標，找到一份適合自己的價值觀與興趣的工作，以尋求一席之地並升華式地滿足內心願望，讓生活變得有意義。

不知道你有沒有發現，周圍會有這樣一類人：有時間、有體力、有能力，就是沒精力。他們整天要嘛是在手機上滑動、玩消除類遊戲，要嘛是躺在沙發上，用生命詮釋「北京癱」的深刻含義，明明沒幹麻卻整天喊累，沒有方向、沒有目標，生活對於他們而言就是無聊地消磨時間。現實很殘酷，不是每個人最後都能成為一個閃閃發光的人，但是每個人都可以正能量滿滿地追求夢想，做自己喜歡做的事，看到想要的改變。

我們要選擇為生活賦予意義，而不是隨波逐流、無意識地跟隨感覺生活。別讓長吁短嘆和無所事事，消耗你寶貴的精力。你必須精力飽滿，不然哪經得起世事摧殘。

百分之九十九的人都沒有真正理解過二八原則

◆勇敢地走出來吧！

昂首挺胸，面對人生最絢麗的那一束光。

假如現在死去，你後悔沒做的事情有哪些？

人生就是不停地選擇，每一個選擇背後都是一個完全不一樣的人生，糾結了怎麼辦？「二八原則」能幫助我們做出更好的選擇。

所謂「二八原則」，是十九世紀末、二十世紀初，義大利的經濟學家帕雷托所發現的：在任何一組事物中，最重要的只占其中一個部分，約百分之二十，其餘百分之八十儘管是多數，卻是次要的。

◆ 原本百分之二十的重要事情裡，其中仍有百分之二十是重中之重。

◆ 如果你不想繼續碌碌平庸，擺在你面前的只有兩條路，一是接受現狀， 二是嘗試改變。

我相信很多人都知道「二八原則」，同時也明白抓住生活中對自己影響最大的百分之二十，把這百分之二十的事情做好，就會得到百分之八十的收益。但是百分之九十九的人可能沒有想過這個問題：原本百分之二十的重要事情裡，其中仍有百分之二十也是重中之重。

比如針對自己目前擁有的物品進行斷捨離時，你可以這用「二八原則」進行多次篩選，進一步減輕自己的負擔，簡化自己的生活。日常用品、衣服、化妝品等，裡面且有百分之二十是你經常會用的，另外的百分之八十則是很少用到的。你要做的就是在百分之二十的常用物品中再選出百分之二十的更常用物品。如果選出來的物品數量依然很多，你可以在更常用物品中再選取百分之二十。這就類似古典老師所說的頂級「二八原則」用法——「二八三次方原則」。

經過一步步的精簡，擺脫了更多無用的百分之八十後，你會發現身心呈現出前所未有的輕鬆。**內心的欲望變小，衝突減少，精神更集中、更專注。**這就是「二八三次方原則」的奇妙之處。

比如學習，有的同學爭分奪秒，是旁人眼裡的學霸，可一旦考試卻始終處於剛好及格的狀態。其實，這位同學的問題就在於沒有抓住重點，沒有進一步梳理書中的重要內容，而是企圖一股腦都塞進自己的腦袋裡。其實，不管哪門學科，總有那麼幾個重點章節概括了整本書的大部分內容。每門學科的很多知識都是由基礎知識進一步改變而來的，其中還有那麼多看起來零碎的重點。

在生活中，很多人每天忙忙碌碌，不曾有片刻休息，看上去過得完美無比，但是晚上回顧時卻想不起來自己在這麼勞累的一天裡都做過了什麼。**雖然你做了很多事情，但是最有用的事情仍然是這其中的百分之二十。**你是否按重要程度合理地分配了時間和精力呢？只要你這樣做了，不管是二八一次、二次、三次還是N次，你所做的事情都已經發生了改變，你所做的事情都已徑上升到了新的層次了。

所以，你可以依據百分之二十作為努力進步的方向，從對自己影響最大的事情中，提煉再提煉，精進再精進，使自己的層次越來越上升。例如，相對於所有對自己有幫助的事情，最好的就是對自己投資，而對自己投資中的百分之二十，是對頭腦的投資。

雖然健身、打扮等也是對自己的投資，但其影響遠遠不及對頭腦的投資，所以，這方面的精力、財力的花費適量就好。而讀書、寫作、思考等就是對頭腦的投資，將會對自己的成長和生活方式影響深遠。

如果你不想繼續碌碌平庸，擺在你面前的只有兩條路，一是接受現狀，二是嘗試改變。

勇敢地走出來吧！昂首挺胸，直面人生最絢麗的那一束光。成長永遠沒有舒適區，也沒有捷徑，但是一定有一條讓你走最少彎路的路，帶你進入成長高效區，不斷地精進，讓你成為一個獨立、自由的人。

這個世界上，的確存在更高效的路，但並不存在一條一帆風順的路，每條路都需要你付出代價，來換取得來不易的進步。正如「精近」的解釋：精進，就是一個持續的、快樂的、保持不適的過程——成長過程是那麼讓人感到不適，但是結果又是那麼愉快。

高效能人士的高效率技巧

◆重視對效能的平衡利用才是實現人生目標的權宜之計。

「我這麼努力，為什麼沒有進步？」這是縈繞在很多人心頭的疑問。其實，答案很簡單，不是運氣不好，也不是形勢不好，而是你的努力沒什麼效率，只是一種低效率的忙碌。

不知道你有沒有聽說過經濟學中的無差異曲線，按照曲線的設定，假設工人每個時的薪資是一百元，毫無疑問，上班的時間越多賺錢越多，工人們恨不得一天二十四小時都上班。但反過來說，工人一個小時的休息時間也價值一百元。對工人一天工作了十個小時以後，他就會不想繼續工作了，因為人每天能供給工作的時間和精力是有限的，不可能無限制地供應下去。工作了十小時以後，工人對休息的需求大於賺錢的需求。

無差別曲線的不可能性說明，人不可能像永動機一樣不停地工作。但是，現實生活中，更多人的情況是這樣的：同樣的工作，別人早早下班休息，自己卻要加班到深夜；每天忙到沒時間好好吃飯，工作成績卻一般。

不是不努力，你只是缺少讓自己變得更高效的竅門。**重視對效能的平衡利用才是實現人生目標的權宜之計。**首先，養成高效能的習慣要從改變自己下手。

1. 養成主動去改變環境的現念，把自己的影響範圍盡量擴大到關切範圍。

史蒂芬．柯維在《與成功有約》中提到關切範圍與影響範圍。關切範圍是指每個人都有一些關切的問題，包含健康、子女、事業、經濟狀況……而影響範圍是指其中那些個人可以掌握的問題。把自己的影響範圍盡量擴大到關切範圍，就是說，多一點主動，你就能更多一點地掌控自己的生活。

如果你不喜歡自己現在的工作，與其抱怨工作、逃避工作，不如認真研究自己的興趣與能力，尋找心中理想的行業與職位，分析自己跳槽之後可能會面臨的工作問題以及解決方法，帶著為公司解決問題的態度與能力去求職。**做一個積極主動的人，創造條件來改變環境，而不是被動地適應當下的環境。**

2. 確立目標，並以目標為導向，確定自己該做什麼。

普通人與高效能成功人士的區別在於：普通人是以現在為基礎，制定計劃，一步步實現目標。而高效能成功人士則是以目標為導向倒推，看實現目標需要什麼資源，就去爭取什麼資源，需要做什麼事情，就去做什麼事情。

很多人都有夢想，但他們的夢想一般都是打算實現財務自由後再去實現。我的朋友小珍很喜歡繪畫，可又覺得暫時沒有足夠的精力和時間去學插畫，她總是說「等我賺夠了錢再去學吧」。而我和她不一樣，我想成為作家，我直接就寫了，而不是等到財務自由之後。平時工作再忙，我也會抽出一定的時間寫作，正因為如此，我的文字才有機會被更多的人看見。

3.制定計劃，學會對不重要的事情說不，把要事放在第一位。

根據重要性與積極性，事物可以分為四類：重要且緊急的事情，例如馬上來臨的期末考試、客戶要求今天下班前必須收到的項目計劃書；緊急但不重要的事情，例如接電話、臨時會議；不重要也不緊急的事情，比如玩遊戲、滑臉書；重要但不緊急的事情，比如學習英語，學習一個新技能等。

立刻完成那些「重要且緊急的事情」，把省出來的時間用在「重要但不緊急的事情」上，這些應該是你花時間思考和投資的重點。

4.鍛鍊身體，常讀常新，不斷學習堅持。

網路上有句挺狠的話：「有的人三十歲就死了，只是到七十歲才埋。」我

◆ 我們用心去聆聽別人，便能開啟真正的溝通，增進彼此關係。

也在生活中見到一些人，年紀輕輕就放棄了成長，未老先衰。只有身體健康、精神飽滿的人，才有可能成為一名職場高效人士，難道我們能指望一個整天精神不振的人成為團隊的發動機嗎？「工欲善其事，必先利其器」，適當地花時間、精力、財力在不斷更新自己上是很有必要的。

其次，高效能習慣的養成需要我們改變看待別人、外界的態度。

1.要盡量找到對雙方都有利的方案，達到雙贏的效果。

雙贏思維是一種基於互敬、尋求互惠的思考框架與心意。雙贏者把生活看作合作的舞臺，而不是角鬥場。只有在雙贏思維下，才能實現衝突各方的利益均衡。

2.主動傾聽，去理解別人的想法，以此內觀，反省自己。

會傾聽別人說話的人，一般都是情商特別高的人。他們從來不會好為人師，老以自己的事情為例來彰顯自己，他們只會靜靜地傾聽，同時給予暖心的回饋。當我們用心去聆聽別人，便能開啟真正的溝通，增進彼此關係。

3.最高級的溝通是大家都對事不對人，能坦誠地表達自己的觀點，集思廣益，為同一個目標而絞盡腦汁，找到更好的方案。

高層次溝通的精髓在於對事不對人，判斷和尊重差異，截長補短。這源自於高度信任和綜合效能。如果團隊中的每一個參與者都這麼認為，那麼一加一不僅大於二，還可能會等於八或十六，甚至一千六，帶來比原本更好的解決方案。

人們眼中優秀的人，其實也有身為普通人的時候，只不過他們後來掌握了一些高效能技巧、一些優秀的習慣，才慢慢和旁人拉開差距。學會高效能人士的高效能技巧，你才能實現自己的改變，遇見更好的自己。

所謂成長，就是不斷地「自殺」

◆所謂成長，本來就是一個不斷打臉的過程。

自我成長的過程，其實就是一個不斷推翻以前的自我認知，然後不斷建立新的認知的過程。以前討厭的食物，發誓一輩子絕不會吃，後來卻為了養生開始吃，還吃得不亦樂乎；以前說一定不會做的事情，後來做得樂此不疲；以前特別不喜歡的人，後來敞開心胸，也看到對方有很多值得學習的亮點……

所謂成長，本來就是一個不斷打臉的過程。說得再極端一點，所謂成長，就是不斷地「自殺」，跟過去那個不夠好的自己說再見，再重出江湖，從此遇見更

◆ 自我成長的過程，其實就是一個不斷推翻以前的自我認知，然後不斷建立新的認知的過程。

好的自己。

1. 跟害怕失敗的自己說再見，嘗試挑戰稍有難度的事。

我們不能因為害怕下雨就不出門，更不能因為害怕失去就不去嘗試擁有。人生就是由一道道選擇題組成的，當機會來臨時，你是會糾結選哪個還是乾脆不選自動放棄呢？很多人因為害怕失敗就會選擇較為簡單的一方，因為那樣很容易、很輕鬆。甩甩手承認自己做不好就可以了，還不用承擔失敗的後果，不需要負責任，多簡單？但是成功的路沒有輕鬆的，想要的改變也沒有簡簡單單就可以完成的，不如嘗試挑戰稍有難度的事，而不是為自己找做不了的理由。因為這將是你最佳的成長機會。

2.跟拒絕面對內心的自己說再見，走進自我的世界。

在這個世界上，沒有誰比你自己對自己更感興趣，更瞭解自己。**面對自己的內心，可以瞭解自己不想要什麼、想要什麼。**瞭解了自己的需求和性格，還有助於你發現自己的優勢所在。一個自我在平庸的日常中淪陷，會有另一個不甘心的自我掙扎著冒出來。請記住，無論何時，都會有嶄新的自己出現。

3.跟固執的自己說再見，學會接受不如意的事情。

人生不如意十有八九。當你遭遇不好的事情，心情跌落谷底，你的信念就會越來越不堅定。放下我執，把消極的情緒清除掉，為自己制定一個目標或計劃，絕不給自己沮喪的機會。要明白，在不如意的現實中，一切都是最好的安排，所有的遺憾和失落中一定都蘊含著需要你學習的東西。

4. 跟放不下自尊心的自己說再見，能為我們指出問題的人，都是我們應該感謝的人。

人都是這樣，容易接受肯定自己的話語，卻聽不得否定自己的聲音。因為當我們被他人否定時，會感到自尊心受到了深深的傷害。你需要徹底扔掉這無聊的自尊心和自以為是的自我，不要再把心力放在「別人說了什麼」上，而是要放在「自己想怎麼樣」上。如果別人真的說中你的要害，你更應該多想想「怎樣才能讓自己改變」。

5. 跟不能堅持的自己說再見，再多堅持一年看看呢？

工作後，很多人會因為沒有突破，而以「自己不適合這份工作」為由辭職離開。為什麼不給自己一個機會，比如再多堅持一年看看呢？成熟的人不會輕易以

◆ 在不如意的現實中，一切都是最好的安排，所有的遺憾和失落中一定都蘊含著需要你學習的東西。

◆ 在這個煙硝瀰漫的社會，哪有毫無來由的一鳴驚人？所有的華麗逆襲背後，都是多年費心費力的自我挑戰。

自己的喜好來決定自己的去留。遭遇瓶頸是再正常不過的事情，如果一感覺沒有突破，你就辭職了，怎會看到突破後的廣闊天地呢？

6. 跟躲在舒適圈的自己說再見，不斷地精進是一輩子的事。

新時代的人們需要時常具備危機管理意識，因為你不可能一生都待在舒適圈裡。舒適圈固然安全，但是它會讓你在能力上、見識上受限，看不到更前面的遠方。與其在舒適圈裡被迫水煮青蛙，不如持續不斷地學習，習得一份技能，讓你在危機面前鎮定自若。承受住過往的遺憾與對未來的懷疑，否定過去不成熟的自己，才是邁向成熟的第一步。

很多時候，人的進步本身就是自我否定的過程。沒有經歷否定再重建過程的人，注定沒有成長，沒有改變。人生路漫漫，對自己狠一點，一點點踏入未觸及過的禁區，用雙腳一步步地丈量生命的高度。

真正的成功，是優於過去的自己。在這個煙硝瀰漫的社會，哪有毫無來由的一鳴驚人？所有的華麗逆襲背後，都是多年費心費力的自我挑戰。

弱者相信運氣，強者只信因果。

第五部 精進

任何事情都沒有輕而易舉的答案

如果說目標是從夢想開始的，那麼幸福就是需要你從心態上把握的，成功則是在行動中實現的。

不要問答案

◆世間任何事情都沒有輕而易舉的答案，正如每個人的人生都沒有理所當然的改變。

曾經在網上看到一則來自馬來西亞的公益廣告，名叫《蕾娜》。小女孩蕾娜家境貧困，媽媽是市場裡的小攤販，整天忙碌無暇細心照顧她；爸爸為了家庭的生計，常年在外地奔波。蕾娜從小就自己和自己玩耍，她對著電風扇自己唱歌，想像自己是個巨星；她用彩色的藥片拼成面具，假裝自己是神秘的公主……

在旁人的眼裡，像蕾娜這樣家境不好又沒人看管的小孩，不會有什麼出息。可就是這樣一個瘦弱的孩子，卻靠著自己的努力，考入理想的大學，一步步走出了嶄新的人生，改變了命運。父母為蕾娜付出了一切；作為子女的蕾娜，自然也拚盡全力，只為自己的成功能夠安慰辛勞的父母。

美好的東西並不是唾手可得的。在這個世界上，許多你以為的理所當然，都是在背後付出了無比的努力。**從來沒有誰的人生輕而易舉，想要改變就別指望過程會輕而易舉。**什麼科系簡單好讀學分高？什麼工作錢多事少離家近？什麼愛人溫柔體貼顏值高？大多數人所要的，不過是一個風險較低、回報率較高的萬能答案。

可是，如果上學僅僅是為了找一份體面的工作，如果賺錢是上班的唯一動力，如果結婚只是為了繁衍後代，再活色生香的人生，也會成為難以忍受的煎熬。太在乎答案的人，很難做到真正的改變。偶爾放棄世俗的觀念，憑著一顆初心、一份熱愛去嘗試、去改變，又何嘗不是取悅自己、對抗虛無人生的一種方式？

不要急於去問答案，而是著重去觀察、去思考。

第一步，找到真正的目標。比如，你看到朋友節食的效果很顯著，頭腦發熱也想嘗試節食。在採取行動之前，你需要明白自己真正想透過節食實現的目標，是減肥，是改變飲食習慣，還是為了能穿下那條心儀的裙子。一旦明確了真正的目標，你就會知道這個改變是否符合你的需要。

第二步，搜集資訊。如今臉書、微信、微博盛行，搜集訊息是很容易的。但千萬不要被諸如「不節食不運動，每天這麼做，相對於少吃二十碗飯」、「不節食不健身，這樣吃照樣瘦六公斤」、「節食也瘦不下來？你肯定少做了這件事」……之類的資訊迷惑了眼睛。搜集資訊的過程中，辨別有效資訊很重要，適合自己的路才是最好走的路。

第三步，轉化搜集到的資訊。這時候，你需要提出批判性問題，用客觀事實和邏輯來推演搜集到的資訊是否有效。例如，有人推薦一種果汁給你，據說只要堅持喝一個月，不用吃飯，就能瘦十二公斤，絕不復胖。你直接思考一下，假設這個果汁真如那人所說有神奇的效果，可是你真的能做到堅持一個月不吃飯嗎？如果一個月不吃飯的話，是不是喝牛奶也能瘦十二公斤？如此一來，你就能判斷這是不是虛假的廣告。轉化的過程其實就是進一步篩選的過程。在這個過程中，你需要理性地看待問題，同時也看清自己。

◆ 把頭腦和心打開，多體驗，多觀察，最終幫助你做出更加有依據的決定。

第四步，設想行動可能產生的結果。假設你現在選擇節食，你就需要考慮到節食的所有後果。因為在節食的第一週，無論是採用哪種方法，你的體重都可以快速地下降。乍看似乎很好，你一定會因為這個令人欣喜的結果而繼續節食，但你考慮過長此以往的後果嗎？一味地節食有可能會導致厭食症的發生；另外，你不可能一輩子都處於節食狀態，等你恢復正常飲食量的時候，體重有可能快速反彈。想到這個，你還會選擇節食嗎？

第五步，詢問過來人，探討、總結經驗教訓。那麼多人選擇另一種理念的節食方法，理由是什麼。即使你不同意其相關理念，也要探究別人的心得，也許這就可以解釋為什麼那些你覺得邏輯不通的做法對別人卻很有吸引力。透過這樣的比較，你也評估一下自己的選擇。把頭腦和心打開，多體驗，多觀察，最終幫助你做出更加有依據的決定。

其實，以上述五步批判思維法只是一種思考的方法。不問答案看起來或許是被動的，但實質上，**不要急著要一個答案，一步步地思考，這才是真的主動在多種方式中做出最適合自己的選擇，從而造成自己最想要的改變。**

不要輕易否定自己的成就

◆不要輕易否定自己，你也有屬於自己的光芒。

有人說，每個人對工作、生活都會歷經三種狀態的改變：自燃人，可燃人，到最後的滅火器。

最初的狀態是自燃人，顧名思義，自我點燃，自我燃燒，自己努力發光發熱，感覺渾身上下充滿力量，美好的未來在前方召喚；然後是可燃人，就是熱情還是能被鼓動起來的，雖然動力已有所削減；最後的狀態就是滅火器，看見別人上進努力就會過去噴一下，你那麼賣力幹麻呢？吃力又不討好，還是省省吧，看我這樣多自由自在，這樣將別人夢想的小火苗扼殺在搖籃中。

你有沒有想過，現在的自己正處於哪一種狀態呢？在現實生活中，往往我們工作得越久，就越容易失去激情，越不敢嘗試。好多事情，往往還沒開始，我們就搬出各種阻礙自己成功的因素來自我否定。負能量爆表的時候，會否定一切，否定工作、否定感情、否定能力、否定學識、否定成績、否定自己……這個問題還有個專業名詞——「習慣性無助」。因「習慣性無助」而產生的自我設限，是一種對自我能力、才智、外表、創意、體力及技巧的否定看法，它真正的壞處在於阻撓人們產生獲得成功的期望。

經年以後，經歷過太多次與成功失之交臂的苦澀滋味，我們才發覺很多時侯不是自己沒有能力成功，而是自己否定了自己，拒絕了別人、也拒絕了機會。

面對冗長、平庸和艱難困阻，能把我們救出來的，永遠都是我們自己，外界只是給我們助力或阻力而已。**不要輕易地否定自己的成就，才不會輕易地被打敗。**

I am not smart，but I know what love is.

我不聰明，但是我知道愛是什麼。

◆ 面對冗長、平庸和艱難困阻，能把我們救出來的，永遠都是我們自己，外界只是給我們助力或阻力而已。

——這是《阿甘正傳》裡我最喜歡的一句台詞。就全世界都對阿甘說「不」，他也會為自己的進步按讚。耳邊的風聲和迎面而來的風景，就是他跑得更快了的證明，阿甘並不需要旁邊時刻有人為他鼓掌喝彩。誰說阿甘不聰明？

累積每一次的進步，才能成就一個一往無前的靈魂。

每個人都想成為馬雲，然而不是誰都可以成為馬雲。總幻想著自己根本實現不了的願望，終究會讓我們陷於現實的泥掉中，止步不前。

比起做一個白日夢想家，我們更應該做自己的能力能挑戰的事情。也許在別人眼裡，一次小小的成功根本不值一提，但是小成功累積得多了，你的信心才會越來越足，你的實力才會越來越強，你才有機會去實現更大的改變，去衝擊更高的高度。因為，比幻想成功更重要的是接受自己，敢於肯定自己走過的路。

有人說，不破不立，唯有自我否定，才會有真正的重建，才會有真正意義的自我改變。但是，這樣全面的自我否定，意味著你需要有很多能量支撐自我否定的負螺旋思維改變。全盤推翻，從零開始，無疑需要很大的動力和很強的心志，只有少數人才能完成這種浴火重生的蛻變。

我們可以給自己更大的空間改變，在瞭解自己的基礎上學會控制自己，在接受自己已經取得的成績的基礎上改變自己。這樣的你，一定會走得更從容、更堅定。

不要忙碌卻一事無成

◆我們不是要找過多的好事情去做，而是要在合適的時間，用恰當的方式，完成重要的事情。

一年有三百六十五天，有的人把三百六十五天活成了N個三百六十五天，而有的人卻只活了一天。

於是，我們會常常聽到後者抱怨：為什麼我每天忙忙碌碌，卻還是一事無成？為什麼我讀了那麼多書，卻還是碌碌無為？

希望抱怨自己忙忙碌碌卻一事無成的朋友先向自己兩個問題：

你已經多久沒有認真做過計畫了？

◆ 真正優秀的人，他們知道時間中蘊含著巨大的能量和改變未來的無限可能。

你嚴格執行過自己的計畫嗎？

答案就在這裡。**真正優秀的人，他們知道時間中蘊含著巨大的能量和改變未來的無限可能。**規劃好時間，我們才能在有限的時間裡活出無限的多彩人生。劉墉先生曾經說過，在這個飛速進步的時代，每個人都會被逼得分秒必爭。成長是學習用時間，成熟是懂得用時間，成功是能夠掌握時時間。

如果細心觀察身邊那些優秀的人，你不難發現，他們在時間管理上都有一些共同的優點。

1. 不要等候，現在去做。

有那麼一句話：其實時光機就在我們每個人身上，每天早上鬧鐘響了之後，只要想「再睡五分鐘」就會獲得穿越到一小時之後的時間旅行效果。拖延或延後開始，是大量時間被浪費的主要原因。許多人習慣於「等候情緒」，也就是花費很多時間以「進入狀態」，卻不知狀態是做出來而非等出來的。記住，栽種一棵樹的最好的時間是二十年前，第二好的時間是現在。

2. 不要讓自己糾纏在無關緊要的事情之中。

我們很容易陷入「糾纏在無關緊要的事情之中」的習慣迴圈中。要明白，如果你正在做的事情是無關緊要的，那麼即便你快速地完成了它們，也依舊對自己沒有多大用處。

不如提高自己的工作效率，不管是二八法則、四象限法則，還是GTD等方法，無論如何，開展工作的最核心原則依舊是「優先完成最重要的工作」，最好每天最開始處理最重要的工作，這樣整整一天，你都能保持積極的情緒和動力。你就不會為了周轉於瑣碎但並不重要的事情花費幾天、幾週甚至幾個月的時間。

3. 專注於當前的事，待辦事項一件一件地完成。

有研究數據顯示，外界的干擾會使人們喪失多達百分之四十的時間。很多人應該都有這樣的體驗，工作一旦被打斷，就很難再集中注意力，想要重新投入到工作中，至少要用十五分鐘的時間。所以，優秀的人工作起來都會心無旁騖，無比專注。他們更懂得一段完整時間的重要性。能用錢解決的事情絕不浪費時間，比如印表機壞了，你不必自己摸索學習，擺弄半天，把自己弄得滿手油墨，最後還不一定能搞定。術業有專攻，你的專業不是修印表機，印表機出問題，直接打電話讓專業的維修師來修啊。

省下不必要浪費的時間，你就可以用來創造價值或者享受生活。千萬不要覺得這些方法臉書天天有人說，也不要覺得自己沒必要這麼嚴陣以待。如果真的能做到這樣，省出來的時間日積月累，那就更可觀了，你的一年比別人的一年多出好多天。省出來的這好多天，用來提升自身能力也好，享受生活也罷，那都是時間給予你的嘉獎。

4.別指望一口吃成胖子，分解步驟，然後逐步地去完成。

不要企圖一口吃成胖子，因為這種不切實際的期望會使你感到目標遙遙無期、難以觸及，拖延的念頭就會產生。

對於比較難完成的工作，最明智的做法是：把一項複雜的工作分為若干個小步驟，設置的每一步都能用幾步行動完成，然後著眼於當下的每一步，全神貫注地行動。完成每一步的小目標，接下來再完成下一步的小目標，直到把它們都完成，你想要的改變自然會發生。

我們不是要找過多的好事情去做，而是要在合適的時間，用恰當的方式，完成重要的事情。每個人的時間和精力都是有限度的，容不得揮霍，必須精打細算。去當個時間的吝嗇鬼吧！**你若惜時如金，定然前程似錦。**

不要分心

◆如果你還不能專注，往往不是因為某方面的能力缺失，更多的是你沒意識到勤奮和專注能給自己帶來的價值。

你有沒有經歷過這樣的一種狀態？

當自己靜下心來做一件事情時，忽然會有一種周圍全部安靜下來的感覺，那一刻彷彿整個世界就只有你和手邊的事情。等把事情全部解決了之後，你看了看時間，才發現不知不覺已經過了三個小時，而你自己卻對這三個小時渾然不知。

這樣的狀態，就是專注。如果你很容易就能專注於一件事情，並能集中解決問題，這篇文章你就不必再往下看了。但是如果你有以下經歷，建議你耐心讀完：打開電腦一定要先閒逛網頁再開始做正事，看一會書就忍不住看臉書滑instagram，喜歡一邊寫作一邊追劇……

像上面這些做事無法保持專注的人，特別容易覺得疲憊不堪。是時候告訴自己：不要分心，一定要找回我們的專注力。

那麼，如何讓自己保持專注，不讓自己被一些瑣事干擾呢？

1. 要做一件事情，要明白自己之所以去做，是為了什麼。

這是我們開始做一件事情的前提——明確做事的目標，唯有這樣堅定下去，才能心無旁騖。

那些能夠在漫長的讀書歲月裡自始至終都保持著十二分專注度的山村孩子，是因為他們清清楚楚地知道自己想要什麼——努力讀書，改變命運。**一個長期而且明確的目標，可以讓人在實現目標的過程中，面對外界的種種誘惑，克服內心冒出來的各種欲望。**相信很多人都有過這樣的經驗：週末，你想看完那本一直沒看完的書，於是你拿起書，在房間找了一個舒服的位置，開始閱讀。過了一會，不知道哪裡飄來一縷咖啡香。「香氣好誘人啊！我也要喝。」於是，你起身去沖咖啡。你告訴自己，咖啡與閱讀更配。咖啡還沒喝完，你看見陽臺上的幾盆花竟然掉了好多葉子。「它們一定是缺水了」，作為一個有責任心的主人，你決定給花澆澆水。當你澆完水想坐下來歇一歇時，手機響了起來，是好朋友打來的。你又拿起手機，和朋友聊了起來……

就這樣，不知不覺，一個上午過去了，你好像做了許多事，又好像什麼都沒做。因為，你原本只是想認真讀完一本書，但注意力卻被其他事情分割得七零八碎，結果，你偏離了預定的認知軌道，把目標這艘小船無情擱淺。

咖啡、澆花、和朋友聊天，這些都是欲望，而欲望是需要你不斷捨棄的東西，而目標則需要你時刻牢記於心，並堅持下去。

◆ 一個長期而且明確的目標，可以讓人在實現目標的過程中，面對外界的種種誘惑，克服內心冒出來的各種欲望。

2. 排除不必要的資訊。

當今這個移動資訊時代，很多有用沒用的東西都觸手可及，只要手機連上Wi-Fi，我們就能收到各式各樣的通知，臉書、instagram、微信、微博以及各種APP，不一而足。這種通知式的資訊，如果處理不得當，我們就很難做到真正的專注。

原本你打開電腦，想練習一下PS修圖，可是LINE卻彈出一個通知說某個網路商城的促銷活動開始了。你抵擋不住誘惑，在網路商城逛來逛去，浪費了不少時間，原本的計劃也忘得一乾二淨。直到臨睡前，你才想起今天該做的練習沒有做，可此時已經太晚，只能延到明天。明日復明日，你不僅PS的技術沒精進，還忘記了之前學會的操作。

想要排除不必要的資訊，有一個很有效的方法，就是走極簡主義模式，只保留一些生活必需品，至於其他無關緊要的東西，予以排除。

3.放棄尋找所謂的捷徑。

提到巴菲特，可能很多人會以為，巴菲特之所以能獲得如此高額的財富，成功躲過兩次經濟危機，要麼是他投機取巧，要麼是他的運氣好。其實，巴菲特之所以能夠獲得豐厚的財富，歸根究底，是其秉承的終生學習觀念造就的。巴菲特從小就喜歡閱讀和學習所有與股票投資相關的書籍，後來透過自己的努力，進入哥倫比亞大學，他得到了向當時的哥倫比亞大學教授，同時也是著名的價值投資大師班傑明．格雷厄姆學習的機會。

唯有腳踏實地專攻一個領域，從不想著花費大量的時間和精力去尋找所謂捷徑的人，才能取得平庸之輩難以企及的成功。

如果你還不能專注，往往不是因為某方面的能力缺失，更多的是你還沒意識到勤奮和專注能為自己帶來的價值。正如你從未真正改變過自己，並不是因為你意志力低沉，更多的是你還未體驗過改變為自己帶來的成就感。與其遺憾自己為何做不到，不如逼自己一回，活出一個專注的人生。

不要自我設限

◆沒達到你的極限，就不要給自己設限。

過去不等於未來。**如果不能打破心的禁錮，即使給你整片天空，也找不到自由的感覺。**

每年七月最後一個週末，我和幾個同學都會相約出來小聚，小酌幾杯，紀念我們難忘的大學時光。我們一波同學中雖然有的繼續升學，有的工作，但是畢業後沒有了母校的保護傘，大家都成熟了許多。除了逐漸增長的年紀、慢慢發福的身材，還有一個改變就是大家從一起吐槽各自的工作，到現在開始談自己的業績和下一步的規劃。

茶餘飯後，同學A過來找我喝幾杯。我看他這次聚會不如往日活潑多話，知道他應該是心情煩悶，有什麼事情憋在心裡，現在想找我一吐為快。

A對我說，每次他們公司安排一項新任務，大家都會積極踴躍參與，只有A和少數幾個同事不報名。當同事問A為什麼不參加的時候，A總堅持說：「我是一個不擅長表述的人，所以我可能做不來。」同事有疑問：「可是我看來，B和你的工作很相似啊，B都擺報名參加了，你不想試試？不試試怎麼知道自己不行？」

A坦言自己和B確實在工作能力上旗鼓相當，但是B比他更有活力、更善於表達、知識面更廣，碰到公司的新任務，B都會躍躍欲試。於是A對同事說，B確實能力比我多一點，比我強一點。說完之後，A還會為自己有自知之明而驕傲。直到有一天，A發現連公司新來的應屆畢業生同事都踴躍報名了公司的新任務，他才開始問自己，別人都在前進，自己是不是落後了。

猶疑不決的時候，A慢慢地又發現，很多來得比他晚，能力比他差的人，都敢於做一些他不敢去接手的事，而A依然躲在自己的小圈子裡。這時他才想通了，他一直都是在自我設限。

很多時候，我們會混淆自我設限和自知之明，常常因為內心不想改變的惰性把自我設限看成自知之明。其實，自我設限和自知之明是不一樣的，兩者之間的區別就在於：當你面臨挑戰和突破的時候，你要先撕掉別人為你貼的標籤，然後衡量一下，如果失敗的話，代價是不是你能夠承受的，如果不能承受，那就叫缺乏自知之明；如果可以承受，那你不妨相信自己，給自己鼓勵、加油。這也許是你踏出成長之路的第一步，也許也是你邁向成功之路的最後一步。

而面對自我設限，如果想要自我成長，就必須要做出改變和突破。

1. 充實自己，提升自己的知識水準和能力。

只有知識和能力達到一定水準時，主管交給你超出目前能力範圍的事時，你才不會害怕挑戰，不會擔心自己能力不足。有時間羨慕別人，不如提升自己。時間是公平的，你所付出的堅持，總會得到你應有的饋贈。

2.調整心態，把當前的困難看成機遇。

越是有挑戰的事才越能證明你的能力，遇到困難，不要輕易放棄，機會總會青睞不輕易放棄的人，哪怕你沒有大展宏圖的壯志雄心，只是想要升職加薪。多做點有挑戰的事，就可以證明你的價值和能力。

3.重建對自己的信心。

自信心是一個人在職場中自我認同感的重要來源。無論你身處哪個崗位，都也須要有信心，相信自己能做好每一件事。有自信的人往往會肯定自我，不會讓自己束縛在外界或自己給自己貼的標籤中，但能做到這樣的前提必須是善於學習，時刻都在完善自己、提升自己。

4. 跳出當前的認知範圍。

俗話說，不想當領導的小兵不是好的小兵。不要老是盯著自己的一畝三分地，侷限在裡面，會慢慢喪失全局觀，看不到遠方。自己的事情忙完了，不妨去看看你的上司平時都在做什麼，或者多去看看比你能力強的人，他們在幹什麼，他們的思維方式是怎麼樣的。

沒達到你的極限，就不要給自己設限。張忠謀說：「人的潛力是無限的，一個人就像橡皮筋一樣，需要不斷地拉，在這個程中挑戰自己的極限，不斷開展自己的能力。」不管是在職場中還是生活中，不試一下，怎會知道自己的極限在哪裡？

自我設限，表面看來是一個人擺脫不了別人或自己給自己的標籤，實則是主觀層面的懶惰、消極與推諉，這更會讓你失去前進的勇氣。**請不要自我設限，真正好的人生態度，是現在就做，不等、不靠、不懶惰。**

◆ 人的潛力是無限的，一個人就像橡皮筋一樣，需要不斷地拉，在這個過程中挑戰自己的極限，不斷擴展自己的能力。

◆ 如果不能打破心的禁錮，即使給你整片天空，也找不到自由的感覺。

不要抱怨

◆你不努力，有什麼資格抱怨。

最近，看到《外灘畫報》關於被稱為中國最年輕、最具發展潛力的設計師范石鐘的報道。說他「最年輕」是因為他是九零後，目前還是在學學生。說他「最具發展潛力」，是因為他大二時就拿了紅點設計獎，《福布斯》僅僅三十強的最具潛力設計師席位，他占其一。他的作品《生命滑梯》解決了難倒世界的火災高空救援問題。在不久前，他還獲得了全美最頂級的工業設計大獎——Core77交通設備類大獎。人們不禁納悶，全世界的工業計師那麼多，為什麼這位年紀輕輕的中國小夥子能嶄露頭角？

他曾去貧窮偏遠的山區研究調查，為要走很遠到河邊洗衣服的鄉親們設計了不用水也能洗衣服的洗衣機；《生命滑梯》也是他特地去長沙消防特勤中隊，體驗一線消防員的工作才實踐出來的設計；為了設計智能瓦斯爐，他向近百位家庭主婦發放問卷調查，幾乎跑遍各大商場櫃台調查……在記者問及設計師行業是不是加班特別頻繁時，他也樸實地答道：「哪個行業不辛苦？不花時間怎麼會做得好？」

成功的人必然有共同的因素，其中最重要的因素一定是勤奮、刻苦。**一個人如果不夠努力，就不該抱怨社會不公。**即便你的命運多舛、運氣也不夠好，但只要你夠努力，你也一定會有所收獲。當你自以為很努力時，請看看更努力的人；當你覺得命運不公、老闆刻薄時，請問你在各方面的能力是否都超越了你的競爭對手？如果沒有，那你一定還有提升的空間。

1. 個人規劃比努力更重要，把自己的興趣融入到未來的規劃中。

同樣的天資，同樣的努力，可能獲得的結果會很不相同。這就和個人的規劃、方向選擇很有關係了。一旦方向走錯，所耗費的努力必然會有一定程度的浪費。

最初，范石鐘就讀的是湖南大學視覺傳達設計系。工業設計對他來說算是跨界學習。但因為他對工業設計有強烈的興趣，就一直進修工業設計類的課程。他還旁聽過課，甚至報了網路課程，還初生之犢不畏虎地報名了許多比賽，誰知竟然一舉成名。雖然就范石鐘的努力而言，就算他選擇自己的本業視覺傳達，也會很成功，但是范石鐘不喜歡空想出來的設計，也不希望自己的設計只是錦上添花，他要自己的作品有社會意義。只能說，他選擇了自己喜歡的工作，所以才能不計付出地投入，又能很快成長，最後取得成績。

因此，**一定要把自己的興趣融入未來的規劃中，做自己喜歡做的工作，才會有源源不斷地堅持下去的動力和熱情。**正如范石鐘所說，自己從小就有個成為科學發明家的夢想，又喜歡畫畫，工業設計師可以說是最符合自己夢想的工作了。

◆ 一定要把自己的興趣融入未來的規劃中，做自己喜歡做的工作，才會有源源不斷地堅持下去的動力和熱情。

2. 不要認為自己已經很刻苦了。

每當有人在跟我抱怨什麼時，我都很想問對方一個問題：抱怨之前，你有沒有反思過自己是否夠努力？你的大部分閒暇時間都用來做什麼呢？是看電視劇？是滑無聊的臉書資訊？是逛街買那些過期打折的奢侈品？還是逛淘寶或者通宵達旦地玩網路遊戲……

其實，每個人每天要處理很多事情，已經夠累了，晚上需要休息的時候，還打遊戲、不眠不休地看電視劇，等於乾耗自己的體力和精神。你在做這些事情的時候，可否知道那些在常人眼裡輕而易舉就能活得很好的人，現在都在幹麻？

一點一滴的努力同樣也是在耗費精神、體力，卻獲得了截然不同的結果。所以，不要認為自己已經很刻苦了，你不努力，有什麼資格抱怨。

3. 珍惜你的好運，勿忘初心。

在努力、規劃之外，確實存在不可思議的決定因素，把這種因素稱之為運氣、機遇、機率事件等等都行，但沒人可以解釋這種因素的作用原理。李嘉誠的終生顧問和一大批香港富豪的風水顧問——香港一代命理前輩陳朗先生，早年為李嘉誠算命時，直呼其財庫是滿溢出來的，將來的財富不可限量。雖然後來事實的確如此，但是李嘉誠先生也沒有放鬆，直到今天，他都堅持每天工作八小時以上，堅持每週至少看一到兩本書。試問，我們有多少年輕人一年到頭看過的有營養的書超過十本？

請停止抱怨。因為當你在抱怨上天不公，羨慕別人輕而易舉就能得到想要的東西的時候，卻從來沒有想過，別人在背後為此默默付出了多大的努力，為此花費了多少心血。

請停止抱怨。因為當你覺得自己已經夠優秀了，不需要再努力了的時候，卻不知道比你優秀百倍千倍萬倍的人，還在繼續努力地往前衝。

不要我執

◆放下「我執」，精進努力，我們就能走出煩惱的深淵。

去年回家探親的時候，我媽和我講起樓下張阿姨的女兒。女孩交了一個男朋友，好的光景沒維持幾天，男孩就開始以創業為理由尋求女孩資金上的援助。外人一看就知道男孩在騙她，但張阿姨的女兒卻固執地認為男孩是真正地愛她，任憑父母、朋友怎麼說，她都不改變主意，甚至認為別人在不懷好意地破壞他們。

很多八點檔電視劇的情節就是源自於生活。不甘放下的，往往不是值得珍惜的；苦苦追尋的，往往不是生命必需的。

星雲大師說：「人類社會發展到當今，給我們的啟示是：要用智慧使一切莊

◆ 放下「我執」，意味著精簡自己的生活。

嚴，不要用我執、我見去分裂。」現代人應該放下「我執」，只有放下「我執」才能感受到更多美好。

因為「我執」拒絕了人類自我解放的機會，也背向了面對生活真實面目的唯一路徑。比如越是喜愛的人和物，失去的時候就會越痛苦，這就是「我執」的產物。

真實的生活中，我們一定會失去一些喜愛的事物。「我執」只會使我們在歲月的洪流中更加痛苦，用各式各樣的鎖鍊將我們束縛住，從外在的煩惱憂愁情緒開始，直到最終消磨掉我們作為人類的、擁有看無限可能性的、自由的尊嚴。

不能清醒地認識自己，難以幸福；不能掌控自己的生活，幸福便無從而來；不能接受不完美的一切，幸福永遠遙不可及；不明白生而為人的意義，幸福就是單調和內心世界的貧乏。

「我執」似乎是一切煩惱的根源。所以，想要體驗生活的更多幸福，能不能試著放下「我執」？帶著這個問題，多年來一直修習佛法的朋友給了我三個建議。

1. 首先，對自己要有全面的瞭解，優化自身。

想要放下「我執」，首先要瞭解自己是個什麼樣的人，你是什麼比你擁有什麼更重要。如果認不清自己，看不到自己內心的塵垢，你就會被外在東西牽扯著走，活得不但太累，而且毫無意義。

真實的自己與心目中想像的自己往往都有差距，有時甚至還很大。如果你自己都沒有體會過這一點，那就太可怕了，更不用說說服自己去接受其他不好的事情。唯有當你認清自己的時候，當你洞悉自己的一切貪念並勇敢地接納們的時候，你才可以試著和自己談談。那時候，內心裡真正的自己會告訴你什麼才是你真正想要的，而這一切的前提是你要保證忠於內心。坦誠面對真實的自己，請給自己一點時間。

2.不要自視甚高，眼裡只有自己，看不見其他人。

生活中的很多苦惱都是源於我們太把自己當回事。明明自己把生活過得一團糟，卻常常把責任都推到外界和他人身上。遇到挫折，眼裡只有自己，只看到表面的自己的情緒變壞，看不到這背後的原因。這就是「我執」冒出來了。這樣的自己容易與人吵架，容易不開心，總是會想著自己，不會為別人著想，心裡帶出來的都是煩惱。

3.要以一種開放的心態來面對這個世界。

如果凡事我們以對立、狹隘的心態來對待，嘮叨、抱怨就不會停止。長此以往，我們便難以用寬容的心來接受他人不同的見解，於是就很難活得快樂、自在。如果想要解脫，一定要先瞭解心的毛病。面對真實的現實、面對人情冷暖的社會，不要抗拒，而要以開放的心態來圓融事相、超脫凡情。

◆ 苦苦追逐的，往往不是生命必需的。
不甘放下的，往往不是值得珍惜的；

人人常說「人世無常」，但是我們往往因為無法面對無常的事實，而不去認識、探究無常到底是什麼？不能面對無常，就無法給自己一個健康、正確的觀念，誤將世間一切視為永恆。比如父母，我們總以為父母會永遠是我們停靠的港灣，直到有一天，父母因為疾病住進加護病房，我們才會突然感到死亡的恐懼，才開始思索沒有了停靠的港灣，自己的心會飄向何處。因此，放下「我執」，面對無常，精進努力，我們就能走出煩惱的深淵。

人類絕不是透過「我執」來認識世界和自己的。「我執」僅僅是人們用來消除對未知的恐懼，而給自己構築安全閥，哪怕只能得到一種脆弱而暫時的平靜。所以，**人類的任何一次認知上的提升和改變，都必須放下「我執」。**

如果人類的終極夢想是內心的平靜和解脫，安安穩穩地過日子，那就更直接放下「我執」。因為放下「我執」，意味著精簡自己的生活。因為放下「我執」的極限就是斷除一切貪愛，內心平和、安穩，自足自樂。

不要顧影自憐

◆是時候，跟過去顧影自憐的悲情戲碼說再見，塑造一個嶄新的角色。

我發現有的姑娘腦內小劇場極其精彩，有時幻想自己是個悲情女主角，暗自嗟嘆自己的悲情人生，甚至跑到天臺，吹著風，跟劉若英MV裡似的唱著：「我想我會一直孤單。」即使日子過得好好的，卻總有一陣子盡想些不好的事。有的時候，又會把自己打造成勵志女王，想像自己在困境中摸爬滾打，歷盡了常人難以想像的磨難才最終破繭成蝶……

「一半是明媚，一半是憂傷」是這些姑娘最希望給人的感覺。這裡沒有性別歧視的意思，只是相對來說，女性比男性想得更多，內心戲更足。為什麼她們常常顧影自憐呢?用楊絳先生的話來解釋，就是「讀書不多而想得太多」。

經常顧影自憐的人很容易被思想和情緒所控制，也很容易被外在環境影響。他們會因為別人一句話，玻璃心碎一地，也會因為別人的一句心靈雞湯又變得鬥志昂揚。**人生被心情左右，哪起能體會到其他的樂趣。**

怎樣才能擺脫顧影自憐的無限思緒，成為自己思想和情緒的主人呢?

1. 進行靜坐練習，覺察自己思緒的流動。

靜坐練習的目的是覺察自己思緒的流動，觀察自己心裡思想的來來去去，而非沉浸其中，無法自拔。如果每次某種思緒進入你的心中，你都不對它投注興趣，那麼一段時間後，它就不會再出現了。堅持一段時間的靜坐冥想之後，你會發現經常被各種情緒侵佔的內心平靜多了。即使偶爾還有複雜的念頭出現，你也不會再沉浸其中，這時候你已經知道它們不過是你腦中的小劇場，而你的情緒不必服務於這場虛假的鬧劇。

◆ 人生被心情左右，哪還能體會到其他的樂趣。

2. 檢視一下自己的思想，在思緒的洪流中，辨視出好的思想。

喜馬拉雅瑜伽的傳承者、瑜伽大師斯瓦米·拉馬曾這樣描述所謂好的思想：「凡是能使你有創造力，不會在內在造成衝突的，都是好的思想。好的思想能使你平安、寧靜、平衡、快樂及喜悅。」如果你常常感到自己非常軟弱，或者對自己非常失望，往往是因為你沒有將這些好的思想付諸行動，當它們來到你的頭腦中，你只顧著享受這些想法帶未的愉悅，卻沒有把它們帶到現實世界。漸漸地，你失去了將好思想轉化成自身寧靜和諧的能力，成了任由散亂思緒擺布的庸人。所以，我們應當常常跳出來，檢視自我，檢視自己的思想，在思緒的洪流中辨識出好的思想。只有好的思想的小船，才能讓你在思緒的洪流中保持寧靜，帶你到達智慧的彼岸。

3. 是時候，跟過去的悲情戲碼說再見，塑造一個嶄新的角色。

我身邊有很多條件不錯的姑娘，她們懂得很多道理，也掌握很多知識，卻把日子過得一團糟。她們經常顧影自憐般地唏噓：「大概是命不好吧。」除了怪自己命不好，甚至把責任推到更多的因素上——原生家庭給自己造成的心理陰影，童年的經歷塑造的不完整人格，事業不順利打擊了信心，男朋友、女朋友不夠貼心……

現代人都或多或少地瞭解心理學的一些知識，在分析問題的時候都邏輯清晰、頭頭是道，可分析完了，不還是要對自己的情緒負起責任、過好自己的人生嗎？要對自己的人生負責，你有責任管理好自己的思想和情緒，把那些打擊你、打擾你、引誘你走入人生死胡同的思想都踢出腦袋，把那些美好的、溫暖的、能讓你安寧平靜下來的思想付諸實踐，你就會變得越來越堅強，時刻保持正念思想。

我曾看過林志玲的演講，印象特別深刻。在那次演講中，林志玲談到了好幾年前的摔馬事件。她說，在醫院醒來的那一刻，醫生告訴她，肋骨骨折，會非常痛。當時，她只問了一個問題：「會好嗎？」醫生說：「會！」林志玲說，從那以後，她沒有再喊過一聲痛，沒有再掉過一滴淚，她要把所有的力氣留看讓身體復原。

就算命運多舛，就算時運不濟，那些不是你能掌控得了的範圍，也不是你的責任。你的責任就是在所有境遇下做出對自己最好的選擇。**是時候跟過去顧影自憐的悲情戲碼說再見，塑造一個嶄新的角色。**

不要貪心

◆不要著急，不要貪心，也不要放棄，任何人的成功都是一步一步走出來的。

貪心是很容易被忽略的弱點，也是在日常生活中，最常遇見的試探。

熟悉日式花道的朋友們都如道，不管是池坊、小原流、草月流，日式花道總有一種獨特的美感，一枝一葉，一花一木，就能延伸出無盡的美與禪意。

我學習過草月流的花道課程，有一次課堂練習時，老師允許我們自由發揮創意，我欣喜地選擇了自己心儀的天堂島和百合為主花，下面還加了紫色的勿忘我作為呼應，而且我想做一個從任何角度看都有不同造型的作品。老師點評的時候說的話讓我印象深刻：「插花不能貪心，日式插花是極簡的美，顏色繁複顯得刻意，種類繁多又顯得雜亂，留白才能給予人更多想像的空間，創造出更多意味深長的意境。」想要這個，又要那個，最後的結果注定是失敗的。

插花不能貪心，人生也是如此。處理任何事情，不要著急，不要貪心，也不要放棄，任何人的成功都是一步一步走出來的。**不畏不念，學會愛自己的一切，保持自律的力量，你就可以用一輩子的時光，活出兩輩子的精彩。**

1. 學會愛自己，保持自律，做好自我管理，把自己變成那個想要的人。

一個真正愛自己的人，知道人生在食衣住行等的物質形態之外，亦具有某種使命的意義，他會為自己的人生沉澱出更醇厚的質感。

你只需要找準一個方向，確定自己真正想做的事情，然後一步一步地走下去，就可以發光。不要總是盯著別人的成績和改變，因為每個人的發展進度都不一樣。就算別人的出發點是你的天花板，你也不必為了快速趕上別人，貪於一時的效果，這樣往往欲速不達。

自律並非壓抑欲望，有時候，人之所以成功在於適當的貪心，如果用得好，貪心是可以促進一個人進步的。自律是對欲望的自我管理，包括管理好欲望的壓抑和釋放。自律的作用即是使你合理利用自己的欲望。欲望與理想之間，只差了一個實現和沒實現的距離，如果你想要的東西超出了你的能力，而你又不肯奮鬥努力，天天幻想著坐享其成，結果誤入歧途，這是欲望；可如果你想要一種東西，最終憑藉自己的努力達成了，這就是理想。而自律就是把欲望轉化成理想的催化劑。

2. 知足常樂，活在當下，把握自己能把握的。

知足常樂是一種境界，少一些欲望，能使自己的頭腦更清靜，內心更澄澈，因為過多的欲望會帶你走進煩惱世界。

知足常樂並非沒有上進心，其更廣泛的意義應該是：人要在自己用盡全力、

◆ 你只能專注在一部分人和一部分事情上，而不可能專注所有你在乎的人和事。

追求卓越之後知足常樂；不夠強大的時候不知足，在擁有足夠資源的時候學會克己，學會控制自己的貪婪。兩種理想平衡狀態的前提是，找到那個你自己能夠樂意去燃燒有限生命的「有所為」，只有這樣，你才能在這些關鍵的地方，傾注最大的專注。

3.坦誠地看待自己和接納自己的一切，同時真誠地對待別人。

人人都會有貪心的時候，包括你自己。你必須認清這個事實，看到事物的兩面性。然後，自己去衡量、去做選擇。接下來你需要做的，是透過實際行動讓自己變得更強大，強大到足以養活你的那些小貪心，慢慢把它們養大的同時，你也在成長。

看到別人的貪心，也不要有任何優越感。因為你也是個有貪心、有欲望、有瑕疵的人，人人都有權利用合適的方式去滿足自己的小貪心。有一點貪心或野心不可怕，可怕的是，你渴望著更強大，貪心很大，卻不付諸行動，等著坐享其成的人生降臨到自己身上。這樣只會使你誤入歧途。

不要貪心，雖然你很努力，也不要想著一下子做很多事情。因為一個人的精力是有限的，你只能專注在一部分人和一部分事情上，而不可能專注所有你在乎的人和事。

人生走到了一定的階段，就是要同時做加法和減法。不斷地吸收有營養的東西，認識優秀的朋友，同時也要不斷排除不好的東西，遠離不好的朋友。千萬不要因為貪心和「我執」讓自己陷進無效的迴圈。唯有這樣，生命才能進入一種良性的循環，你的人生才會綻放出更多的精彩。

要一個閃閃發光的未來

◆我們的未來，會閃閃發光，像是綴滿繁星的璀燦夜空，如絲絨一般。

《被討厭的松子的一生》中，有這樣一句台詞：「小時候，誰都覺得自己的未來閃閃發光，不是嗎？但是一旦長大，沒有一件事會順自己心意。」

的確，每一件事情都順心的人生是少見的。但是，我們改變不了環境，可以改變自己；我們改變不了事實，可以改變態度；我們改變不了過去，可以改變現在。只要你想改變，永遠都不晚，現在就是最好的時機。

過往難追憶，今日猶可追。想要完成自己想看到的改變，你需要先完成一些小的改變，才能繼續不斷精進，過上外在和內在和諧快樂的生活。

◆ 我們改變不了環境，可以改變自己；我們改變不了事實，可以改變態度；我們改變不了過去，可以改變現在。

1. 要明白你自己才是人生的主人。

現實生活中，我們不能控制外界的環境，卻可以控制自己的思想和情緒；我們不能改變別人對我們的看法，卻可以改變自己，用行動去證明自己是對的。

其實，人與人之間並無太大的區別，真正的區別在於你是否能掌控自己的人生。

2. 與其抱怨，不如讓自己變強。

人生有順境也有逆境，有巔峰也有谷底。因為順境或巔峰而忘乎所以，因為逆境或低谷而一蹶不振，那都是淺薄的人生。

面對挫折或困境，如果只是一味地抱怨，抱怨社會與外界的不公，抱怨自己命運不好，那麼你注定永遠是個弱者。**與其抱怨，不如讓自己變強，只有當你自己變強，才能改變自己的命運。**

3. 相信自己才能成功。

在這個世界上，很多人之所以失敗，追根究底，不是因為沒有能力，而是因為沒自信。因為當一個人沒自信時，就會什麼事情都做不好。而如果什麼也做不好，你就會更加沒自信。這是一種惡性循環。想要成功就必須要從這種惡性循環中解脫出來，與內心害怕失敗的自己做鬥爭，就得樹立起堅不可摧的自信心。

4. 與其心動，不如行動。

俗話說：「心動不如行動。」雖然行動了也不一定會成功，但不行動就一定不會成功。生活不會僅僅因為你想做什麼就給你禮物，也不會僅僅因為你知道什麼而給你報酬。

如果說目標是從夢想開始的，那麼幸福就是需要你從心態上把握的，成功則是在行動中實現的。因為只有行動，才是滋潤你的肥料、磨練你的試金石。

5.要能接受人生一切無常。

人生不可能一直順利，有成功，也會有失敗；有開心，也會有傷感。如果把生活中的起落與得失看得太重，那麼你就永遠不會感受到人生柳暗花明的美和曲徑通幽的安寧。接受人生一切無常，不以物喜，不以己悲。幸福自在心中。

6.凡事不必步步緊逼自己。

從小長輩就教育我們「退一步海闊天空」，人生不只有前進一個方向，感到激流猛進時，不妨後退一步，跳出現實世界，觀察自己的狀態，給自己留白的餘地，給自己一點時間。小小的你，終有一天，會站在屬於自己的人生舞臺，多姿多彩。

7.學會讓自己的心靈放假。

人人都有一顆玻璃心，需要時不時的激勵與撫慰。你應該學會讓自己的心靈放假，享受悠長假期，心靈的開放與包容會更讓你得到放鬆。

◆ 在這個世界上，可怕的不是挫折和失敗，而是面對失敗，卻失去再戰鬥的勇氣。

8.別害怕挫折和失敗。

人的一生，難免會遭受挫折和失敗。軟弱的失敗者總是把挫折當作失敗，一次小小的挫折都能深深打擊他繼續行動的勇氣。成功者從來不懼怕挫折和失敗，在一次又一次的挫折面前，他們總能保持積極的熱情。即使你已經遭遇了失敗，繼續努力，依然有扳回一局的可能。在這個世界上，可怕的不是挫折和失敗，而是面對失敗，卻失去再戰鬥的勇氣。

9.不要放大心中的煩惱。

那些終日煩惱、愁眉不展的人，實際上，並非遭遇了太多的不幸，而是源自於他們內心世界的衝突。內心失去了平和與安寧，遇到一點小事，就會怨天尤人，有的甚至自暴自棄。你需要學會練習消除內心的衝突，達到內在的寧靜與平和。唯有心中保持寧靜和平和，你才最接近自己內心的小孩，時時給他滋養和撫慰。

10. 改變其實沒那麼難。

想要改變現狀、改變自己，不僅要克服自己的惰性，還要克服旁人質疑的眼光，這確實很難。當你真正想要這麼做的時候，也就是你開始對自己下狠手的時刻。那些原本以為難以克服的東西，只需堅持一段時間，你就會發現，一切沒有你想像中的那麼苦、那麼難。

已經有了這麼多道理、這麼多前人的人生感悟，被動的吸收改變不了什麼。看了這麼多，你也該整理思路開始行動了。只靠看而不去行動，最終將會什麼都得不到。相信我們的未來會閃閃發光，像是綴滿繁星的璀燦夜空。它正在前方不遠處等你到來。

你，真的想改變自己嗎？

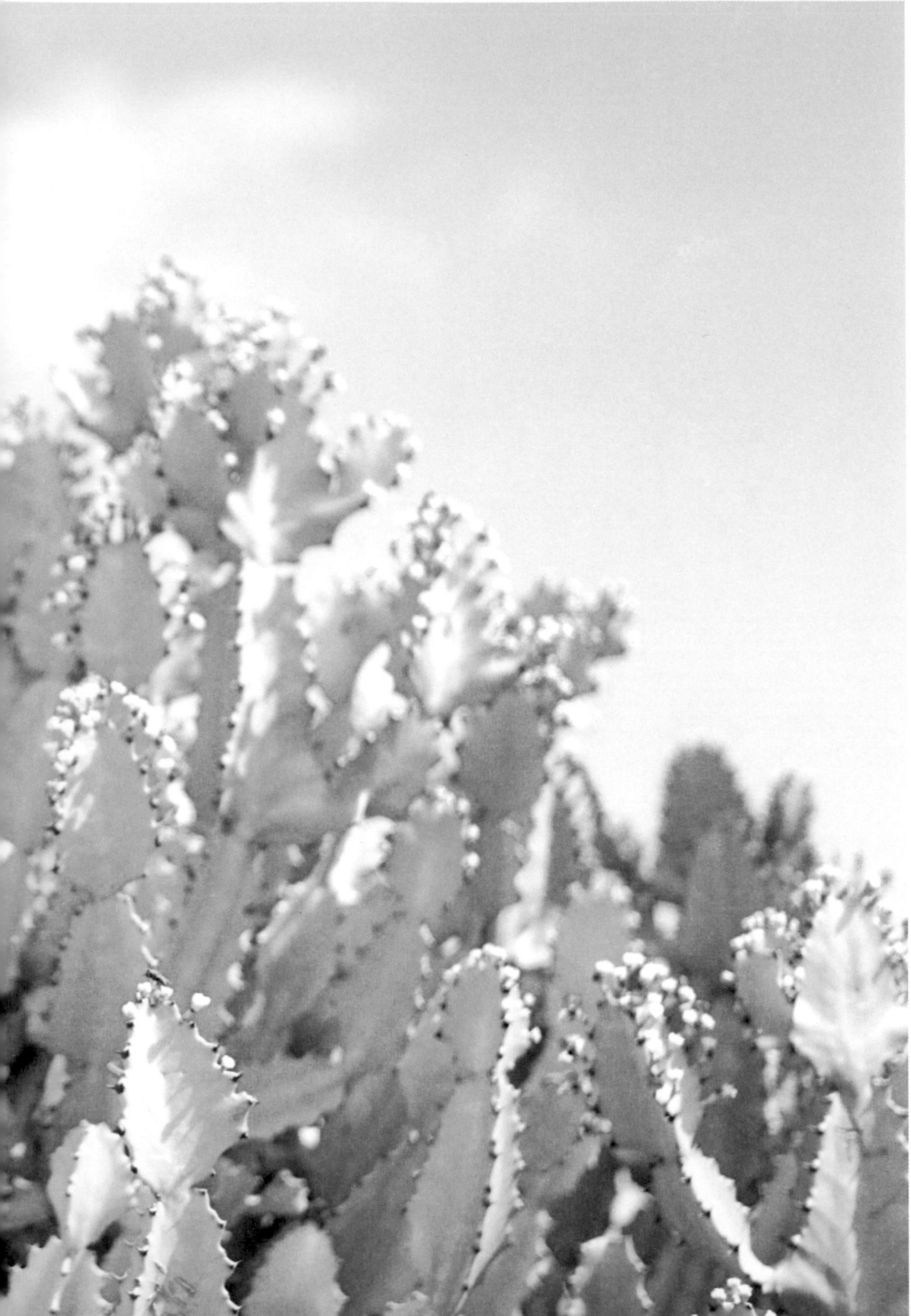

願你有一個閃閃發光的未來。

高寶書版集團
gobooks.com.tw

高寶文學 024

改變越無畏，人生越自由

作　　者　*小野
責任編輯　陳柔含
封面設計　彭立瑋
內頁排版　趙小芳
企　　劃　鍾惠鈞

發 行 人　朱凱蕾
出　　版　英屬維京群島商高寶國際有限公司台灣分公司
　　　　　Global Group Holdings, Ltd.
地　　址　台北市內湖區洲子街 88 號 3 樓
網　　址　gobooks.com.tw
電　　話　(02) 27992788
電　　郵　readers@gobooks.com.tw（讀者服務部）
　　　　　pr@gobooks.com.tw（公關諮詢部）
傳　　真　出版部　(02) 27990909　行銷部 (02) 27993088
郵政劃撥　19394552
戶　　名　英屬維京群島商高寶國際有限公司台灣分公司
發　　行　英屬維京群島商高寶國際有限公司台灣分公司
初版日期　2018 年 8 月

ZITO®

© 2017 北京紫圖圖書有限公司
授權出版發行中文繁體字版

國家圖書館出版品預行編目 (CIP) 資料

改變越無畏，人生越自由／*小野著． -- 初版． -- 臺北市
: 高寶國際出版 : 高寶國際發行，2018.8
面；　公分． -- (高寶文學：024)

ISBN 978-986-361-573-6(平裝)

1. 成功法

177.2　　　107011258

凡本著作任何圖片、文字及其他內容，
未經本公司同意授權者，
均不得擅自重製、仿製或以其他方法加以侵害，
如一經查獲，必定追究到底，絕不寬貸。
版權所有　翻印必究